DIE NEUE FRANZÖSISCHE ARCHITEKTUR

François Deslaugiers, Entwurfsskizze für den Außenaufzug des Großen Bogens, La Défense, 1987

DIE NEUE FRANZÖSISCHE ARCHITEKTUR

Wojciech Lesnikowski

Vorwort von Patrice Goulet

Kohlhammer

Titel der Originalausgabe:
The New French Architecture
Originalverlag: Rizzoli, Inc., New York

Übersetzung aus dem Amerikanischen
von Sieglinde Summerer und Gerda Kurz

Alle Rechte vorbehalten
© 1990 Rizzoli International Publications, Inc., New York

Für die deutsche Ausgabe:
© 1991 W. Kohlhammer GmbH
Stuttgart Berlin Köln
Verlagsort: Stuttgart
Satz: Setzerei Lihs, Ludwigsburg
Printed and bound in Japan
ISBN 3-17-011654-1

Für Rebecca und Alexandra

Danksagung

Der Autor möchte folgenden Personen für die Unterstützung und Hilfe bei der Vorbereitung des vorliegenden Bandes seinen Dank aussprechen: Carter Manny, Jr., Direktor der Graham Foundation, Chicago; John Zukowsky, Kurator der Architektur-Abteilung des Kunstinstituts, Chicago; Patrice Goulet, Architekturkritiker am Französischen Architekturinstitut, Paris; Luciana Ravanel, Direktorin des Französischen Architekturinstituts; Deidi von Schaewen, Architekturphotograph; und den Architekten, deren Werke hier aufgenommen wurden.

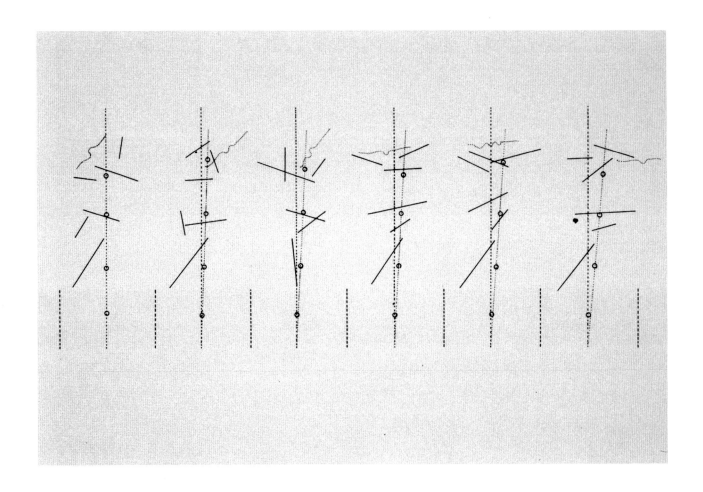

Jacques Hondelatte, Dekorationsstudie für das Wohnbauprojekt „Foyer de la Gironde", Bordeaux, 1987/88

Inhalt

Vorwort von Patrice Goulet: Das großartige Spiel aus Eisen und Glas   10

Wojciech Lesnikowski: Vom Historismus zur Neomoderne   12
  Historischer Hintergrund   12
  Aufbruch zur Moderne und die erste Avantgarde   20
  Die Architektur nach dem Zweiten Weltkrieg   32
  Die Technologische Revolution   44
  Auf dem Weg in die Supermoderne   46
  Schluß   50

Die Architekten

Architecture Studio   54
Gilles Bouchez   68
Jean Pierre Buffi   80
François Deslaugiers   92
Christian Hauvette   106
Jacques Hondelatte   120
Jourda und Perraudin   136
Jean Nouvel   152
Dominique Perrault   170
Francis Soler   180
Bernard Tschumi   194
Claude Vasconi   202

Kurzbiographien   222

Bildnachweis   223

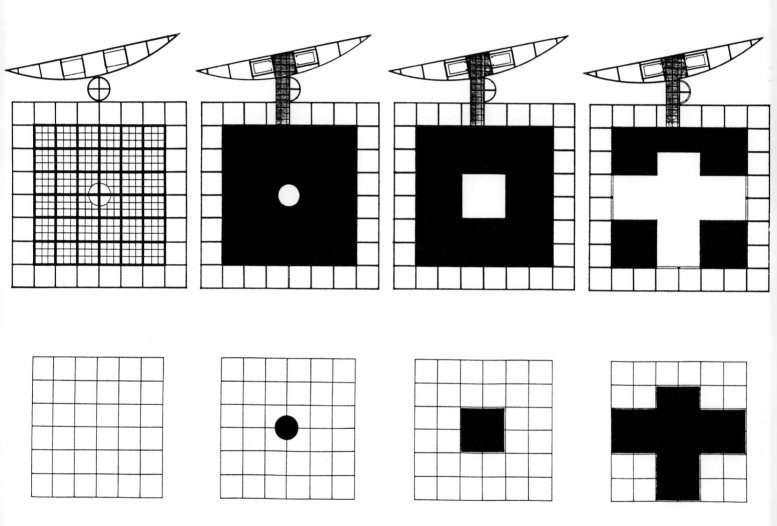

Architecture Studio, diagrammatische Pläne für die Auferstehungskirche, Paris, 1986–89

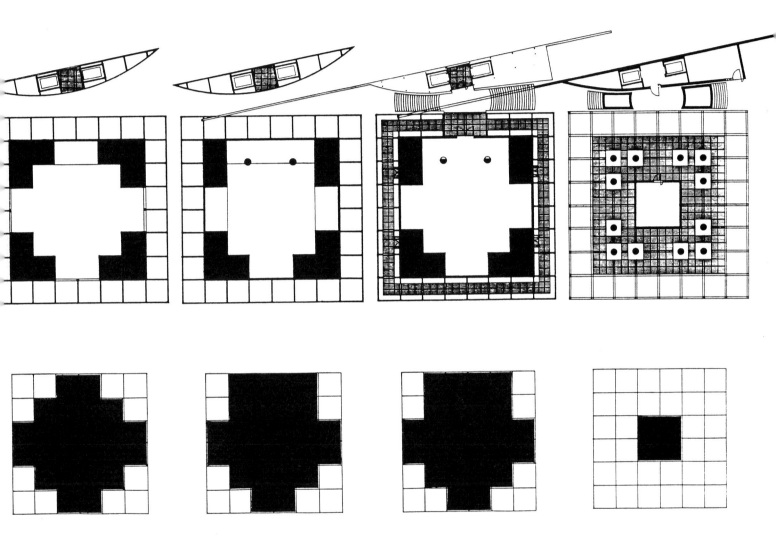

EINLEITUNG
Das großartige Spiel aus Eisen und Glas
Patrice Goulet

Obwohl unser Kommunikations- und Bewegungsradius immer größer wird, leiden wir unter unserer Unfähigkeit, Abstand zu gewinnen und die Dinge klar zu sehen.

So ist auch die Geschichte der französischen Architektur in meinen Augen unter dem Gewicht von Anekdoten, engstirnigen Disputen und Palastintrigen begraben und in einem Gewirr aus Konventionen und allgemein anerkannten Vorstellungen gefangen. Deshalb ist jede alternative Sicht der französischen Architektur der Vergangenheit wie der Gegenwart willkommen; und je subjektiver und überraschender sie ist, desto größer ist die Chance, daß sie uns aufklärt.

Allein schon aus diesem Grund interessiert uns Wojciech Lesnikowskis Werk. Er kommt von „außen" und schert sich nicht um unsere Klassifikationen, Hierarchien und Vorurteile; ohne zu zögern, verfolgt er unvorhersehbare Denkbahnen, stellt Beobachtungen an und Verbindungen her, die uns unmöglich wären.

Nun ist aber Lesnikowskis Sichtweise umso bemerkenswerter als er uns von Chicago aus beobachtet. Chicago – eine der mythischen Hauptstädte der modernen Architektur, Geburtsort des Wolkenkratzers, der sich hier voll entfaltete, und Heimstatt von Frank Lloyd Wrights Anfängen – scheint heute allerdings wieder einmal mit jener schrecklichen Krankheit, der Angst vor dem Unbekannten, geschlagen zu sein. Einst dezimierte diese Angst die Chicago School und brachte Louis Sullivan zum Schweigen. Und neuerdings scheint Chicago nur dem Neo-Akademismus zu huldigen, der die von seinen Anhängern als Postmoderne bezeichnete aufgetakelte alte Mumie als *die* Zukunft vor uns aufbauen möchte.

In der Tat könnte ein Vergleich zwischen Thomas Beebys preisgekröntem Entwurf für die neue Harold Washington Library in Chicago – einer Art vertikalem Mausoleum nach italienischem Schnittmusterbogen – und den vier funkelnden Türmen von Dominique Perraults preisgekröntem Entwurf für die neue Bibliothèque de France den Betrachter sehr wohl in eine gelinde Verwirrung stürzen.

Doch Lesnikowski hat nur Augen für Frankreich. Er bewundert unsere großen Projekte und attestiert der französischen Moderne eine absolute Gesundheit. Die Beweise, oder zutreffender, die Beispiele, die er für seine Argumente anführt, werden zweifelsohne manchen auf die Palme bringen. Andererseits betrachtet er unsere Bauwerke mit den Augen eines amerikanischen Fachmanns, der sein Urteil auf handfeste Vorzüge der fertigen Bauten gründet und nicht auf den Ruf ihrer Architekten oder deren Stellung in der französischen Architektengemeinschaft.

Und insofern ist Lesnikowskis Optimismus durchaus ansteckend. Mäßigen wir also unsere Befürchtungen. Schließlich ist die für Frankreich so schwierige Periode des Wiederaufbaus der Nachkriegszeit endlich abgeschlossen, womit auch die Rechtfertigung für die barbarischen Maßnahmen der Stadtplanung, des Bauens und der Sanierung entfallen, die ehedem eine regelrechte Geißel in diesem Land darstellten. Neue Architektengenerationen sind angetreten, die allein schon kraft ihrer Zahl mehr erfinderische, schöpferische und wirklich professionelle Designer an die Front schicken. Selbst Auftraggeber und Bauunternehmer sind aufgeschlossener und flexibler, seit die Architektur in Frankreichs Städten eine Größe darstellt, die

es zu berücksichtigen gilt. Dank der Dezentralisierung im Besitz wirksamer Mittel, wetteifern die französischen Städte zum Beweis ihrer Dynamik heute durch aufsehenerregende Bauvorhaben miteinander. Die Bürgermeister von Montpellier, Nîmes, Rézé, Hérouville-Saint-Clair und Lille haben ihre Städte durch architektonische Schöpfungen berühmt gemacht oder sind auf dem besten Weg dazu. Hier ist ein Wort der Anerkennung für die Mission Interministérielle de la Qualité des Bâtiments Publics (den Interministeriellen Ausschuß für den Zustand öffentlicher Bauten) fällig, die die Verwaltungen dieser Städte gedrängt hat, durch eine bessere Organisation der für alle bedeutenden Bauvorhaben vorgeschriebenen Wettbewerbs-Ausschreibungen mit gutem Beispiel voranzugehen. So haben viele Architekten dieser neuen Strömung die Aufträge, die sie berühmt gemacht haben, diesem Ausschuß zu verdanken.

Es fällt auf – und das ist wichtig –, daß die Gebäude, für die sich Lesnikowski interessiert, mit denen er seinen Glauben an den Fortschritt der Moderne in Frankreich belegt, ein signifikantes Merkmal gemein haben: Sie sind alle aus Metall – eine wahrhaftig in die Augen springende Eigenschaft. Daß die unmäßige und fast ausschließliche Verwendung von Beton beim Wiederaufbau nicht die beste Lösung war, die in der modernen Zeit benötigte Architektur zu produzieren, ist sattsam diskutiert worden. Nicht, daß man ohne Beton hätte auskommen müssen – davon kann keine Rede sein –, aber durch die Ausschließlichkeit, mit der er verwendet wurde, haben wir uns selber um die Leichtigkeit und Präzision gebracht, die wir durch den Einsatz von Metall hätten erzielen können.

So gehört die Zeit, in der die Anhänger Vorgefertigter Teile über jene triumphierten, die von einer industriellen Bauweise und von wie Autos montierten Wohnungen träumten, zu den dunkelsten Perioden in der französischen Architektur. Schließlich kamen wir sogar dahin, einer Arbeit den Vorrang zu geben, die von ungelernten Arbeitskräften ausgeführt werden konnte, und in ihr ein universales Allheilmittel zu sehen, dessen Preis wir erst jetzt erkennen.

Begreiflich daher, daß es einigen der aktivsten Architekten heute geraten erscheint, sich als „Gerüstebauer" von denen abzuheben, die ihre Gebäude wie Kuchenteig in die Höhe gehen lassen, um sie dann mit Zuckerguß und Sahne zu garnieren. Auf diese Art und Weise haben sie den Weg wiederentdeckt, den Architekten wie Gustave Eiffel und Jean Prouvé, die Begründer der später als französische „High-Tech" bekannt gewordenen Richtung, eingeschlagen haben. Seither ist dieser, eine Zeitlang praktisch in Vergessenheit geratene, Pfad wieder vielbegangen, vornehmlich seit Jean Nouvel mit seinem Institut der Arabischen Welt bewiesen hat, daß er in der Tat durchaus wieder gangbar ist. Das ist um so erfreulicher, als nichts so viel Vergnügen verspricht wie ein Rückgriff auf die Ideen, die Pierre Chareau in seinem außergewöhnlichen Haus in der Rue Saint-Guillaume – einem prächtigen Spiel aus Eisen und Glas – demonstriert hat.

Paris, 1990

VOM HISTORISMUS ZUR NEOMODERNE
Wojciech Lesnikowski

Historischer Hintergrund

„Alles Edle ist ebenso schwierig wie selten." – Spinoza

Man kann wohl behaupten, daß die Geburt jeder schöpferischen Bestrebung für die alteingefahrenen Sitten und Gebräuche und für die überlieferten Methoden eine Herausforderung bedeutet, eine Herausforderung im Namen des geistigen, schöpferischen oder wissenschaftlichen Fortschritts. Jede wahrhaft kreative Bewegung wird durch ihr Bestreben, den Gang der Geschichte zu ändern, in einen Kampf mit den konservativen Kräften verwickelt, die sie aufzuhalten versuchen. Dadurch wird eine Atmosphäre geistiger Spannung und Ängstlichkeit erzeugt. Umgekehrt aber könnten sich wirklich neue Blickwinkel in vielen Bereichen ohne einen solchen historischen Kontext, gegen den sie sich richten, oft ohne von den im Laufe der Zeit angesammelten Erfahrungen und Leistungen zu profitieren, gar nicht entwickeln.

Diese Dualität im Konzept einer jeder neuen Bewegung, diese gleichzeitige Ablehnung und Anerkennung eines historischen Kontextes, hat auch bei der Geburt und Entwicklung der modernen französischen Architektur Pate gestanden. Angesichts des reichen historischen Erbes – wie es sich in herrlichen gotischen Kathedralen, Klöstern, Städten, Renaissance-Schlössern und -Gärten sowie in der Stadtplanung und -erneuerung des 19. Jahrhunderts offenbart – nimmt es nicht wunder, daß die Geburt der modernen französischen Architektur häufig durch ein Hin- und Hergerissensein zwischen all den überlieferten Möglichkeiten und durch Mißtrauen gegenüber den noch nicht bewährten modernen Idealen gebremst wurde. Dazu kam noch die Unsicherheit und Ängstlichkeit, die den Untergang der überkommenen künstlerischen Sensibilität, der Grundlage von Frankreichs wachsendem kulturellem Einfluß in der Welt *(1–15)* begleitete.

Seit dem Mittelalter hatten französische Architekten verschiedene sorgfältig durchdachte, dogmatische Theorien über Architektur und urbane Form aufgestellt, die jahrhundertelang die Richtlinien der französischen Bautätigkeit gebildet hatten.

Überdies waren diese historischen Vorstellungen durch Männer in maßgeblichen Positionen des politischen und kulturellen Lebens systematisch gefördert worden, was den Übergang zur Moderne gewiß auch nicht erleichterte. In der Tat wurzelten in Frankreich die meisten architektonischen Ideale in der Philosophie der Aufklärung – der Suche nach allgemein gültigen Methoden und Gesetzen, abstrakten Prinzipien und deutlichen Wahrnehmungen, kurzum in der ungeheuer einflußreichen Philosophie René Descartes. Kennzeichnend für diese Philosophie ist das Bestreben nach einer Vereinigung von Naturwissenschaft, Philosophie, Ethik und Ästhetik auf einer theoretischen, analytischen Grundlage. Der Zweifel wird zur Methode ausgebaut und das analytische, deduktive Denken dadurch über das traditionelle synthetische erhoben. Damit aber wurde der Zweifel zur wichtigsten wissenschaftlichen und philosophischen Untersuchungsmethode, zum Schlüssel zur dualistischen Struktur der Welt, von der Descartes zutiefst durchdrungen war, d. h. zur apriorischen Erkenntnis und zur Erkenntnis aposteriori, also zur Erkenntnis mit Hilfe der eingeborenen Ideen und der Wahrnehmungen.

Descartes' Einfluß blieb nicht auf den Bereich der rationalistischen Philosophie oder Naturwissenschaft beschränkt; er trug auch wesentlich dazu bei, daß das architektonische Denken in Frankreich auf lange Jahrzehnte hinaus den Weg der Vernunft einschlug. Daß Descartes auf die theoretischen, abstrakten Vorstellungen und die Möglichkeiten der Deduktion mehr Gewicht legte als auf Experimente und die empirische Induktion, bedeutete aus architektonischer Sicht eine exzessive Betonung der Geometrie und der wissenschaftlichen Untersuchungsmodelle. Das wiederum führte letztendlich zu architektonischer Abstraktion und typologischem Modellbau, die natürlich zu Lasten einer auf den vorgegebenen oder ererbten Kontext Bezug nehmenden Planung gingen.

Ein Jahrhundert später arbeitete die Blüte der französischen Intelligenzija – Diderot, d'Alembert, Voltaire, Rousseau, Montesquieu, Marmontel und Holbach – an der Herausgabe der *Encyclopédie*. Diese Enzyklopädie, die zum größten Dokument des Zeitalters der Aufklärung und zum Symbol von Frankreichs geistiger Vorherrschaft im 18. Jahrhundert werden sollte, stand ganz unter dem Motto von Diderots Forderung: „Ausgangs- und Endpunkt für alles und jedes muß der Mensch sein." Diese humanistische Orientierung wirkte sich auch auf das architektonische Denken des 18. und 19. Jahrhunderts sehr nachhaltig aus. Oberster Gesichtspunkt bei dem monumentalen Unternehmen der *Encyclopédie* war, Philosophie und Vernunft in Wechselbeziehung zu setzen und die angeschnittenen Themen in einer kartesianischen oder analytischen Weise zu untersuchen. Dadurch aber, daß sich das Werk an wissenschaftliche Modelle hielt, bestrebt, die traditionelle Denkweise durch eine auf die Vernunft gegründete Argumentation zu ersetzen, wurde es zu einem zukunftsweisenden, revolutionären Unterfangen.

Im Kielwasser solcher Bestrebungen entwickelte die französische Architektur ihrerseits eine ausgefeilte rationale Sicht. Mit der Zeit jedoch geriet sie in solche Abhängigkeit von dieser rationalistischen Betrachtungsweise, daß sie sich neuen oder ausländischen Vorstellungen (wie dem pittoresken englischen Stil) nachdrücklich verschloß, und diese nur langsam eindringen konnten. So empfanden trotz der weitgehend übereinstimmenden ästhetischen Vorstellungen Jean Jacques Rousseaus und des englischen Philosophen Edmund Burke die Franzosen die aus Burkes Begriff des Sublimen entwickelten Produkte englischer Architektur als ausdruckslos und geschmacklich minderwertig. Burkes Kriterien wahrer Schönheit – Feinheit, dunkler Sinn, Einbildungskraft, Phantasie, Doppeldeutigkeit und Willkür – erschienen dem französischen Geist des 18. Jahrhunderts naiv. Obwohl der pittoreske englische Garten in ihre Kultur eindrang, zwangen sie ihm eine solche geometrische, rationalisierte Form auf, daß er seine ursprüngliche Freiheit weitgehend verlor und eher architektonisch und rational als natürlich geriet.

Der in der klassischen Tradition ausgebildete französische Architekt zog dem bei englischen und deutschen Architekten recht beliebten individualistischen Experimentieren die systematische Planung vor. In seinen Augen bedeutete Individualismus in Tun und Denken einen potentiell gefährlichen Trend, konnte er doch der Willkür Tür und Tor öffnen. Letztendlich führte diese Einstellung und die dadurch bedingte Unfähigkeit, moderne Entwicklungen und Forderungen schnell und positiv zu akzeptieren und zu absorbieren, die französische Architektur in eine ernstzunehmende schöpferische Krise. Zwar lieferten die analytischen Prinzipien des Kartesianismus und des Rationalismus des 18. Jahrhunderts ein Jahrhundert lang eine tragfähige Grundlage für die Ausbildung von Architekten und für die Planung. Dafür aber führten sie auch zu einer beträchtlichen Verknöcherung und zu einem Konservativismus, wie ihn die Ecole des Beaux Arts im 19. Jahrhundert auf so anschauliche Weise vorexerzierte.

Das 19. Jahrhundert war von „Stilkriegen" zwischen Neoklassizisten, größtenteils Anhängern der akademischen Tradition, und Verfechtern der Neugotik, meist individuellen Einzelgängern, zerrissen. Diese Stilkriege tobten trotz der (um mit Patrice Goulet zu sprechen) unabwendbar herannahenden „ungewissen und wilden" Zeiten der Moderne unvermindert fort. Ja, diese höchst dramatische Auseinandersetzung zwischen den bitterlich zerstrittenen Architektenkreisen um das Architekturkonzept nahm nun sogar noch heftigere Formen an, da die Bekehrung zur Moderne nicht nur eine Bekehrung zu einer anderen gesellschaftspolitischen Anordnung, sondern auch eine Bekehrung zur Einführung industrieller Baustoffe und Konstruktionsmethoden bedeutete. Für Architekten aber, die von den historischen Planungs- und Konstruktionsmethoden und den damit verbundenen theoretischen Begriffen von Schönheit, Harmonie, Stabilität und Dauer herkamen, muß eine solche Bekehrung dem Zusammenbruch einer Kunsttradition und Geschmacksverfeinerung gleichgekommen sein, denen Frankreichs Architektur und Kunst ihre führende Rolle in der westlichen Welt zu verdanken hatten.

Im wesentlichen geht der französische Widerstand gegen moderne architektonische Neuerungen im 19. Jahrhundert auf das Konto des vorausgegangenen Jahrhunderts, des Zeitalters der Aufklärung, wie es gewöhnlich bezeichnet wird. Von den Denkern dieser Periode stammen die an der Vernunft orientierten Modelle, die die Erfahrung früherer französischer Ar-

1. Abtei von Mont-Saint-Michel, 1122–1521

2. Kathedrale von Reims, 1211

3. Château Chenonceau, 1519–47

4. Jean Le Breton, Gärten von Villandry, 1536

5. Louis Métezeau, Place des Vosges, 1605–12

6. Louis Le Vau, Château de Vaux-le-Vicomte, 1656–61

7. Jules Hardouin-Mansart, Palais de Versailles, 1678–89

8. Ange Jacques Gabriel, Petit Trianon, Palais de Versailles, 1761–68

9. Claude Perrault, Palais du Louvre, Paris, 1667–74

10. Ange Jacques Gabriel, Paläste an der Place de la Concorde, Paris, 1755

11. Victor Louis, Grand Théâtre, Bordeaux, 1773–80

12. Victor Louis, Kolonnaden des Palais Royal, Paris, 1781–84

13. Emmanuel Héré de Corny, Place Royale, Nancy, 1752–56

14. Pierre Fontaine und Charles Percier, Rue de Rivoli, Paris, 1811

15. Jacques-Germain Soufflot, Panthéon, Paris, 1755–92

chitekten zusammenfassen. Den Anfang machten Theoretiker wie der Jesuit Marc-Antoine Laugier mit der in seinem *Essai sur l'Architecture* von 1753 erhobenen Forderung, die Architektur solle ein direkter Ausdruck funktioneller und struktureller Rationalität sein und in ihrem gesamten Erscheinungsbild zu Einfachheit, Klarheit und Ehrlichkeit zurückkehren. Diesen geistigen Kriterien konnten seiner Ansicht nach einzig die Prinzipien der klassischen Architektur gerecht werden. Abschließend pries Laugier die „primitive Hütte" im Namen der vom gesunden Menschenverstand diktierten Einfachheit als den fundamentalen Ausdruck klassischer Rationalität.

Wie die meisten seiner Zeitgenossen lehnte Laugier die Auswüchse der Renaissance, vornehmlich in ihren späteren Phasen, Manierismus, Barock und Rokoko, die er für den Niedergang des Geschmacks, des allgemeinen Urteilsvermögens und einen allzu großen Individualismus verantwortlich machte, durchweg ab. Wichtigstes Anliegen war ihm die Suche nach den universalen, objektiven und harmonischen Gesetzen der Architektur. Damit lag er ganz im Trend der allgemeinen philosophischen Bestrebungen der Zeit, die mit Hilfe platonischer und kartesianischer Ideen philosophischer und gesellschaftspolitischer Art die Gesetze harmonischer Beziehungen in Politik und Gesellschaft sowie die Regeln intellektueller Aufklärung und des eigentlichen künstlerischen Ausdrucks zu definieren versuchten.

Ähnliche Ansichten wie Laugier im 18. Jahrhundert hatte ein Jahrhundert früher schon die Académie Royale d'Architecture vertreten. Diese Institution war 1671 von Jean Baptiste Colbert, einem Minister Ludwigs XIV., gegründet worden zu dem Zweck, die Architektur auf ihre wichtigsten Gesetze und Prinzipien zu untersuchen. Sie bildete einen Verbund mit der schon früher von Kardinal Richelieu geschaffenen Académie Française und der 1669 ebenfalls von Colbert für fortgeschrittene Studien der Künste eingerichteten Académie de France in Rom, die bei der Entwicklung des Eklektizismus im 19. Jahrhundert eine bahnbrechende Rolle spielen sollte. Alle diese Einrichtungen verfolgten ein gemeinsames Ziel: die Anstrengungen der französischen Künstler und Architekten in Theorie und Praxis auf die Interessen und Ansichten der herrschenden Klassen Frankreichs abzustimmen. So haben wir also unter der Regierung Ludwigs XIV. bereits einen ersten Präzedenzfall von Sponsorschaft durch die Regierung oder anders gesagt, eine staatliche Kontrolle der Architektur – eine Tradition, die sich in Frankreich bis zum heutigen Tag behaupten sollte. Illustrer Beweis dafür sind die sogenannten „Präsidentenprojekte" aus den achtziger Jahren unseres Jahrhunderts unter Präsident Mitterrand.

An der Académie Royale traten besonders zwei Theoretiker hervor, ihr erster Rektor, François N. Blondel (1617–1686), und ein entfernter Verwandter von ihm, Jacques F. Blondel (1705–1774). Beide verfochten in ihren theoretischen Werken, *Cours d'Architecture,* bzw. *Discours sur la Nécessité de l'Etude de l'Architecture,* eine streng rationale und platonische Auffassung der Architektur, der sich Laugier später ebenfalls anschloß. Sie lehnten die italienische Renaissance als nicht wissenschaftlich und rational genug ab und propagierte statt dessen eine nüchternere, gereinigte, klassizistische Version als Schlüssel zu einer logischen, klaren und positiven Urteilsbildung. So kristallisierte sich im 18. Jahrhundert eine recht klar gefaßte Architekturtheorie heraus, die den meisten namhaften französischen Meisterarchitekten, einschließlich Gabriel, Sufflot, Peyre, Chalgrin, Boullée und Ledoux, in der Praxis als Richtschnur diente.

Im Grunde aber faßten die rationalistischen französischen Architekturtheoretiker lediglich etwas, was in Frankreich schon seit langem selbstverständlich war, in schärfere Begriffe. Sie stellten gewissermaßen den logischen Höhepunkt der Traditionen von Gotik und Renaissance dar. Betrachtet man das 18. Jahrhundert als ein in Universalität schwelgendes, in Logik verliebtes, ganz und gar weltlich orientiertes Jahrhundert, dessen Ideale die strenge Form des Klassizismus verkünden sollte, spricht nichts dagegen, die Zeit der Gotik und der Renaissance als Vorläufer dieser Tendenzen zu werten. In der Tat suchte die französische Architektur seit der Abtei von Saint-Denis, einer Schöpfung Abt Sugers und Pierre de Montreuils, von der die Ästhetik der Gotik manche Norm ableiten sollte, unbeirrbar nach allgemein richtungsweisenden Ideen und Konzepten. Die Begriffe von Monumentalität und umfassender Ordnung beispielsweise kamen durch die Schriften Philibert De L'Ormes (1500–1570) und Jacques Androuet Du Cercaus (1515–1590) bereits in der Renaissance auf den Tisch. Und seitdem verfolgte die französische Architektur – Beweis dafür die Werke von François Mansard, Louis Le Vau, Claude Perrault, Jules Hardouin-Mansart, Jacques Lemercier und Simon de Brosse – im Zeichen der Klarheit, Rationalität und Monumentalität unabweisbar und eigenwillig ihren eigenen Weg. Ihren Höhepunkt erreichte diese erste Phase der Suche nach den Gesetzen einer einheitlichen, sich durch Größe und Vornehmheit auszeichnenden Architektur in André Le Nôtres Landschaften, von denen in der Folge alle vornehmen Kompositionen und Planungen ausgingen.

Le Nôtres Entwürfe vereinten die ästhetischen und politischen Tendenzen der Franzosen seiner Zeit. Von Adel und Regierung gefördert, waren seine Gartenkompositionen Ausdruck monumentaler, idealisierter, symmetrischer Bilder, abgeleitet von Platons *Staat* – das heißt, einem fortdauernden, abstrakten und universalen Bereich, in dem nichts der Willkür oder dem Zufall überlassen bleibt und alles physisch oder geistig beaufsichtigt wird. Anders gesagt, sie spiegeln das Denken und Trachten der großen bürgerlichen Führer Frankreichs, der wahren Herren dieser Zeit.

Eröffnet wurde der Reigen von Sully, einem Minister Heinrichs IV. Ihm folgten Männer wie Kardinal Richelieu, Kardinal Mazarin und schließlich Le Nôtres eigener Sponsor, Minister Colbert. Unter ihrer Führung und Anleitung wurden die Städte auf spektakuläre Weise verschönert. In Paris, Dijon und Bordeaux entstanden die Places Royales, und Le Nôtre legte seine berühmten Lustgärten an: Vaux-le-Vicompte, Fontainebleau, Chantilly, Saint-Cloud, Scaux und natürlich Versailles. Für die nächsten hundert Jahre, praktisch bis zur Französischen Revolution, sollte sein Einfluß bestimmend bleiben.

1789 wurde dann auch die aristokratische Académie Royale d'Architecture von der Revolutionsregierung aufgelöst, die alle ehedem von Krone oder Kirche geschaffenen Einrichtungen abschafften. An die Stelle der früheren Akademie trat nun eine pragmatische Ingenieurschule, die Ecole Polytechnique, die die Studenten auf die praktischen Bauaufgaben vorbereiten sollte. Später fand hier auch die Architektur Aufnahme. Die Regierung Napoleons I., die die Revolutionsregierung ablöste, förderte die Institution ebenfalls, schrieb aber militärische Uniformen für die Studenten vor, um ihre Abhängigkeit vom und ihre Dienstbarkeit gegenüber dem Staat hervorzuheben. Das Hauptgewicht bei der Architektenausbildung lag in der Vermittlung praktischer Kenntnisse des Baugewerbes, das zu dieser Zeit eine Vielfalt von Programmen, Funktionen und Aufgaben zu bewältigen hatte.

Kein Wunder, daß die beiden bedeutendsten Theoretiker dieser Schule, J. N. Durand (1760–1834) und August Choisy (1841–1904), in ihren Schriften rationalistische und strukturalistische Architekturkonzepte betonten. Durands berühmte theoretische Abhandlung, *Précis des Leçons d'Architecture données à L'Ecole Polytechnique,* (1802–1805) empfahl fast ausschließlich utilitaristischer Gesichtspunkte beim Entwurf. Abwandelbare Gebäudetypen und Grundrißschemata lagen ihm unvergleichlich mehr am Herzen als kulturelle oder symbolische Aussagen. Da ihm im Grunde jeder Sinn für die verschiedenen historischen Stilarten fehlte, die er seinen verschiedenen Gebäudetypen in freier Abwandlung überstülpte, darf man ihn gewissermaßen als Erfinder des theoretischen „Eklektizismus" betrachten. Am signifikantesten für seine Theorie der modernen Architektur ist jedenfalls die freie Auswahl unter den historischen Stilrichtungen und deren bedenkenlose Anpassung an funktionalistische und strukturalistische Organisationsprinzipien. Kaum zu glauben, daß Durand ein Schüler von Etienne Louis Boullée war, dessen großartige romantische Visionen der Revolutionsarchitektur mit den recht technokratischen Ansichten Durands absolut nichts gemein haben. Obwohl er durch die Trockenheit seiner durch und durch von mechanischen Erwägungen geprägten Vorschläge viele vor den Kopf stieß, übte er dennoch einen großen Einfluß aus.

August Choisy untersuchte in seiner zweibändigen *Histoire de l'Architecture* die Architekturgeschichte vor allem auf Konstruktionsmethoden. Seiner Auffassung nach hatten hauptsächlich die Erfindungen auf diesem Gebiet die Architektur weiter gebracht. Auch sein Werk übte einen bedeutenden positiven Einfluß auf die Entwicklung der modernen Architektur aus. Trotz der radikalen Veränderung des gesellschaftspolitischen Klimas in Frankreich nach der Französischen Revolution behielten seine Prinzipien und Definitionen, genau wie die von Durand, noch auf Jahre hinaus Überzeugungs- und Durchschlagskraft. Dadurch konnte eine spezifisch französische Betrachtungsweise und Kunstauffassung – die Neigung zum rationalen, universalen und objektiven Fachwerkbau – dauerhaft Wurzeln schlagen und sich über die Besonderheiten eines bestimmten gesellschaftspolitischen Kontextes hinweg behaupten.

Nach der Restauration, die die Bourbonen-Dynastie wieder an die Macht brachte, brachen für die französische Architektur widrige Zeiten an. 1816 wurde auf Geheiß Ludwigs XVIII. die neue Académie Royale de l'Achitecture ins Leben gerufen, die sogenannte Ecole Royale des Beaux Arts. Unter der Leitung von Quatremère de Quincy begann sich die Schule an den Methoden der alten Académie zu orientieren. Die Folge war ein sonderbarer Widerspruch. Einerseits stand sie allen offen, die die Aufnahmeprüfung bestanden, denn (erneuter Beleg für die aufgeklärte Förderung des öffentlichen Lebens in Frankreich durch die Regierung) ein Schulgeld wurde nicht erhoben. Andererseits aber entwickelte sie sich zur geistigen Hochburg des von de Quincy bevorzugten dogmatischen Klassizismus, denn der neue Mann merzte in seinem Abscheu gegen die romantischen und gotischen Traditionen der Zeit alles aus, was nicht im Sinne Blondels und Laugiers gewesen wäre. So geriet die Akademie zu einem Werkzeug des alten Stils, wie er im 17. Jahrhundert unter Ludwig XIV. unter Hardouin-Mansart und Colbert, den Wächtern des Stils des Königshauses, gepflogen worden war. Allerdings beschwor de Quincys Sturheit in der Folge ernstzunehmende Spannungen, Studentenrebellionen und schließlich sogar Reformen herauf, die Napoleon III. an dem Institut durchzusetzen versuchte.

Den Anstoß zu den Bildungsreformen, die der Kaiser einzuführen beschloß, gab der wachsende theoretische Einfluß zweier berühmter Männer, deren Verhältnis zur Fakultät der Beaux Arts von allem Anfang an getrübt war: Eugène Emmanuel Viollet-le-Ducs und Henri Labroustes. Viollet-le-Ducs Kritik an den Zielen und Methoden der Ecole des Beaux Arts erwuchs aus seiner Begeisterung für die Architektur des Mittelalters und aus seiner Sachkenntnis, die ihn im 19. Jahrhundert zur unumstrittenen Autorität auf diesem Gebiet machte. Zutiefst davon überzeugt, daß diese Epoche die größten Leistungen der französischen Baukunst hervorgebracht hatte, empfahl er der Architektur des 19. Jahrhunderts ihre Bedeutung und ihre schöpferische Zielsetzung durch das Studium dieser Ära neu zu definieren. Daß der Weg zu Erneuerung und Fortschritt in der Gotik zu suchen sei, stand für ihn unverrückbar fest. Sie verkörperte für ihn die imaginative Planung schlechthin, hatte sie doch durch ihre angelegentliche Auseinandersetzung mit Funktionen, Strukturen und Bauprogrammen einheitliche organische Strukturen ohnegleichen geschaffen. Eine Zusammenfassung seiner Kenntnisse und Ansichten findet sich in seinen beiden bedeutendsten Werken, *Dictionnaire Raisonné de l'Architecture Française du XI au XVI Siècle* und *Entretien sur l'Architecture.*

Mit seinem Wunsch, die Aufmerksamkeit der französischen Öffentlichkeit auf die Welt des Mittelalters zu lenken, stand Viollet-le-Duc nicht allein da. 1832 veröffentlichte der romantische Schriftsteller Victor Hugo seinen Roman *Notre Dame de Paris.* Im Kapitel „Ceci tuera celà" („Das eine ist des andern Tod") vertrat er die Meinung, die Gotik sei der größte französische Baustil aller Zeiten und stelle die Endphase der architektonischen Entwicklung im Westen überhaupt dar, denn die Erfindung der Druckerpresse in den dreißiger Jahren des 15. Jahrhunderts durch Gutenberg habe der Architektur den Todesstoß versetzt. Von diesem epochalen Augenblick an habe die Welt der Architektur als Ausdruck symbolischer Werte nicht mehr bedurft. Diese Aufgabe habe hinfort das gedruckte Wort übernommen und die Baukunst dadurch für immer ihren wichtigsten visuellen Vorzug – die Fähigkeit, die

17

politischen, spirituellen und sozialen Anliegen einer Zeit und eines Volkes auszudrücken und zu verkörpern – verloren. Bereits die auf den schriftlichen Abhandlungen von Vitruv, Alberti und Serlio fußende Renaissance-Architektur sei leer und oberflächlich und in jeder Hinsicht dekadent gewesen.

Aus alledem zog Hugo den äußerst pessimistischen Schluß, daß es eine von der Gesamtheit der Gesellschaft getragene Architektur wie in der Gotik nicht mehr geben könne, da die Vorbedingung für Bauwerke, die über ihre stilistisch verbrämte funktionelle Zweckmäßigkeit hinaus einen umfassenden gesellschaftspolitischen, sittlichen Inhalt zum Ausdruck bringen könnten, im 19. Jahrhundert kaum gegeben sei. Aber selbst wenn es künftig gelegentlich zu einer Wiedergeburt der Baukunst kommen sollte, werde sie für die Gesellschaft doch nie mehr in die vorderste Reihe der Künste aufrücken. Bestenfalls werde sie noch eine Anzahl isolierter Phänomene hervorbringen. Zwar seien Meisterwerke noch immer möglich, könnten nach wie vor große Architekten kommen, aber doch nur als vereinzelte Erscheinungen. Die wirklich symbolische Baukunst sei vor 400 Jahren gestorben – eine aus unserer heutigen Sicht erstaunlich zutreffende Prophezeiung. In der Tat hat die moderne Architektur unter der Demokratie viele geniale Werke geschaffen, aber diese gehen in einem Meer erschreckender Mittelmäßigkeit unter; der Mangel an einem einigenden Geist ist nicht zu übersehen.

Weniger pessimistisch als Hugo, versuchte Viollet-le-Duc seinen Kreuzzug zugunsten der Gotik in der Akademie selbst zu führen. 1856 eröffnete er eine eigene Atelierschule, die er angesichts der ideologischen Opposition jedoch schon nach wenigen Monaten wieder aufgeben mußte. Später avancierte er zum Lieblingsbaumeister des Kaiserpaares, was natürlich mit einer beträchtlichen politischen Förderung seiner Ansichten und Aktivitäten verbunden war. Als die Regierung 1863, während einer Phase umstrittener Schulreformen, viele neue Professoren berief, einige der alten Garde entließ und eine Reihe neuer Kurse über die modernen Wissenschaften und Ingenieurwissenschaften einführte, kam auch Viollet-le-Duc wieder zum Zug. Doch schon nach wenigen Vorlesungen an der Académie des Beaux Arts zog er sich, da seine Ideale nach wie vor heftig bekämpft wurden, eilends wieder zurück. Für die Fakultät war der Fall Gotik ein für allemal abgeschlossen.

Die zweite Kontroverse, die zu Regierungsreformen führte, entbrannte über Henri Labrouste. Dieser war, auch wenn er sich der Bewegung zur Wiedererweckung der Gotik nie expressis verbis anschloß, allem Anschein nach ebenfalls von Hugos Polemik beeinflußt. Jedenfalls machte er sich aufgrund von Viollet-le-Ducs rationalistischen Argumenten und seiner eigenen Vorliebe für die strukturalistischen Züge des Klassizismus die strukturalistische Interpretation der Architektur zu eigen. Ohne jeden Zweifel zog er Choisys Baugeschichte dem klassizistischen Abklatsch Quatremère de Quincys vor. Aber wie schon Viollet-le-Duc stieß auch er in der Akademie auf Mißtrauen und Ablehnung. Und so gab auch er seine Atelierschule wieder auf, um seine Ansichten lieber in der Praxis zu verwirklichen. Die Académie des Beaux Arts begriff nicht, daß es beiden Männern weniger um eine Neuauflage der Gotik oder einer bestimmten strukturalistischen Ausformung des Klassizismus ging, daß es ihnen vielmehr um die Ausarbeitung eines neuen Architekturkonzepts zu tun war. Doch selbst wenn sie es begriffen hätte, hätte sie, da sie von Experimenten und einer möglichen Destabilisierung nichts wissen wollte, wohl keinen Pardon gekannt.

Die Folge war eine Aufsplitterung der französischen Architektur in vier mit einer rivalisierende Tendenzen. Viollet-le-Ducs Anhänger begannen als Verfechter einer Wiedereinführung der Gotik, entwickelten sich jedoch später zu modernen Strukturalisten, denen eindeutig die Zukunft gehören sollte. Diese Gruppe umfaßte auch die Vertreter des Jugendstils *(Art nouveau)*. Labrousts Anhänger bildeten den für die weitere Entwicklung der französischen Baukunst nicht minder bestimmenden Stoßtrupp der „klassizistischen Strukturalisten". Und die vierte Gruppe setzte sich aus Einzelgängern zusammen, Gegnern des modernen Experimentierens, die, wiewohl gleichbedeutend mit dem „pompösen Historismus" des 19. und 20. Jahrhunderts, viele namhafte und bedeutende Bauwerke hervorbrachte. Darunter die Chapelle Expiatoire *(16)* in Paris von Pierre Fontaine (1816); die Kathedrale von Marseille (1845–1893) von Léon Vaudoyer; die Pariser Oper *(17)* von Charles Garnier (1860–1875); das Château de Chantilly *(18)* von Honoré Daumet (1875–1882); das Musée Galliera *(19)* in Paris von Léon Ginain (1878); und die Gare d'Orsay *(20)* von Victor Laloux (1898–1900), ebenfalls in Paris.

Letztlich aber wirkten sich all diese Teilungen und Auseinandersetzungen auf die Ecole des Beaux Arts ganz ähnlich aus: nämlich als Anstoß nicht nur zur Erneuerung, sondern auch zu einer Ausweitung, zu einem vielgestaltigen Ausbau des architektonischen Entwurfs in Frankreich. Julien Gaudet, der bekannteste Professor für Architekturtheorie in der zweiten Hälfte des 19. Jahrhunderts, ein Schüler von Viollet-le-Duc und Labrouste, erwies sich als Meister des Kompromisses. In seinem berühmten Werk *Théories de l'Architecture* deckte er einen großen Bereich von der Baugeschichte, über die Theorie, die Komposition und die Bautechniken bis hin zu Haushalts-, Vertrags- und rechtlichen Fragen ab. Sogar die Gotik würdigte er kurz, trotz seiner prinzipiellen Abneigung gegen diesen Stil. So schlug er eine tragfähige Brücke vom dogmatischen Historismus, dem unangefochtenen Herrscher der ersten Hälfte des 19. Jahrhunderts an der Akademie wie in der Praxis, zur Moderne, die sich in der zweiten Hälfte nun auch in Frankreich langsam als bedeutende Bewegung entfalten konnte.

Durch den Ersten Weltkrieg wurden die Bautätigkeiten dann erheblich eingeschränkt. Bereits in den zwanziger Jahren jedoch tobten schon wieder neue Kontroversen in den Mauern der alten Akademie. Des Konservativismus überdrüssig, forderten die Studenten, die beginnende Moderne in anderen Ländern vor Augen, die Aufnahme neuer Ideen und Methoden in den Lehrplan. Da sich die Fakultät zu keinerlei Zugeständnissen bereitfand, wandten sie sich an Le Corbusier mit der Bitte, eine Atelierschule zu eröffnen. Dieser lehnte zwar ab, empfahl ihnen aber Auguste Perret, der 1924 tatsächlich eine Atelierschule einrichtete. Damit war die moderne Architektur des 20. Jahrhunderts zum ersten Mal offiziell in die Mauern der Ecole des Beaux Arts eingedrungen.

Doch das hinderte die Akademie nicht, ihren ultrakonser-

16. Pierre Fontaine, Chapelle Expiatoire, Paris, 1816

17. Jean-Louis-Charles Garnier, Oper, Paris, 1860–75

18. Honoré Daumet, Château de Chantilly, 1875–82 wieder aufgebaut

19. Paul-René-Léon Ginain, Musée Galliera, Paris, 1878

20. Victor Laloux, Gare d'Orsay, Paris, 1898–1900

vativen Historismus bis zum bitteren Ende fortzusetzen und ihre Karriere angemessen mit einem reaktionären Ausklang zu beenden. Der *Essai Sur La Théorie de l'Architecture* ihres letzten Theorieprofessors vor dem Zweiten Weltkrieg Georges Gromort erinnerte seinem ganzen Stil nach an die Zeiten Quatremère de Quincys. Möglich, daß die Machtübernahme ultrarechter politischer Regime in Europa, die ja den monumentalen Klassizismus offiziell als den ihnen gemäßen „Ausdruck in Stein" empfanden, das ihre dazu beitrug. Möglich auch, daß Gromort lediglich ein weiterer eklektischer Sproß der Beaux Arts war. Jedenfalls fand die Geschichte der theoretischen Auseinandersetzungen um das Architekturkonzept an der Ecole des Beaux Arts 1968 abrupt ein Ende, als die Regierung unter Charles de Gaulle mitten in einer neuen Studentenrebellion gegen das Establishment die Akademie ein für allemal schloß. Ein paar Jahre später wurde an ihrer Stelle eine Reihe autonomer pädagogischer Einheiten eingerichtet und mit dem Recht ausgestattet, ihren Lehrplan von den traditionellen Anliegen der Beaux Arts bis zur marxistischen Tagesordnung selbst zu bestimmen. So wurde der historische und begriffliche Dogmatismus zu guter Letzt schließlich doch noch Schritt für Schritt durch einen Pluralismus der Meinungen und Praktiken ersetzt.

Aufbruch zur Moderne und die erste Avantgarde

„Unabdingbare Voraussetzung für eine Komposition ist, daß man weiß, was man will, das heißt, daß man eine Idee hat. Um diese Idee ausdrücken zu können, braucht man eine Reihe von Prinzipien und eine Form, das heißt, Regeln und eine Sprache."
                Viollet-le-Duc

Diese eben beschriebenen Ereignisse in der theoretischen Szene kamen der Entfaltung der Moderne im Frankreich des 19. Jahrhunderts unmittelbar zugute. Jede Krise in der Ecole des Beaux Arts, jeder Streit um die Architekturkonzeption, wirkte sich direkt auf den Fortgang der Bautätigkeit draußen aus. Jede solche Krise hatte eine langsame, aber unaufhaltsame Veränderung der Traditionen und Gesichtspunkte zur Folge. In letzter Instanz aber ging dieser Prozeß natürlich auf die politischen und sozialen Ereignisse der Zeit zurück: Die Behörden der Französischen Revolution und die Regierung Napoleon erwarteten von den Architekten begreiflicherweise andere Lösungen als sie zur Zeit der traditionellen Paläste und Adelssitze mit ihren Parks und Kirchen üblich waren. Außerdem nötigte die wachsende Bedeutung des Mittelstands die Architekten, sich rasch seiner Bedürfnisse und Anliegen anzunehmen. So begann die Baukunst von ihrer elitären Position herabzusteigen und einen breiter ausgelegten, volkstümlicheren Charakter anzunehmen. Selbst die Restauration der konservativen Bourbonendynastie im Jahr 1818 konnte diesen Prozeß nicht aufhalten. Schon bald hatten Architekturtheorie und Baupraxis eine Vielzahl neuer Bauprogramme wie Bahnhöfe, öffentliche Museen, öffentliche Krankenhäuser, wissenschaftliche Institutionen, Universitäten, Schulen, Gefängnisse, Verwaltungsgebäude, Ladenpassagen, Kaufhäuser, Lagerhäuser, Marktplätze, Fabriken, Gewerbebetriebe und militärische Einrichtungen zu berücksichtigen, um nur einige der neuen Aufgaben zu nennen. Alle diese Bauten aber erforderten neue ästhetische Kategorien und technologische Verfahren, bzw. eine Mischung aus Einfallsreichtum und technischem Knowhow. Dank der Architekturtheorien von Durand, Viollet-le-Duc und Choisy war der Start jedoch fix und fertig vorbereitet.

Ausgangspunkt für die Schaffung dieser neuen Formen war die radikale Umgestaltung von Paris durch Napoleon III. Erforderlich geworden war diese durch die rasch anwachsende Bevölkerung, das Wachstum von Industrie und Handel, die Notwendigkeit, neue Transportmöglichkeiten sowie eine neue Kanalisation und hygienische Einrichtungen zu schaffen, aber auch neue städtische Räume wie öffentliche Parks und breitere Straßen anzulegen. Der Kaiser wünschte Paris zu einer noch monumentaleren, ansprechenderen Stadt auszubauen, die im Falle revolutionärer Unruhen auch leichter durch das Militär zu kontrollieren sein sollte. Zwar hielt man sich bei der Gesamtplanung noch immer an den schon viel früher von Le Nôtre eingeführten „Grand Plan", bei der Einzelplanung dagegen ging man die Vielzahl neuer Aufgaben mit neuen Ideen an. Die Folge war, daß neue Gebäudetypen auftauchten, die den neuen Baustoffen und Montagemethoden entsprechende neue konzeptionelle Definitionen und technologischen Lösungen im Gefolge hatten.

Mit der Entwicklung und Erprobung neuer Baustoffe geht häufig das Auftauchen neuer Gebäudetypen Hand in Hand. So ermöglichten Fortschritte auf dem Gebiet der Eisen- und Stahlkonstruktion im 19. Jahrhundert den Bau neuer, schnell fertigzustellender Strukturen. Beispiele dafür sind der gußeiserne Turm der Kathedrale von Rouen von Jean-Antoine Alavoine von 1827–1828; der Pariser Eiffelturm von 1889 *(21)* von Gustave Eiffel; die auf den nachdrücklichen Wunsch Napoleons in Gußeisen konstruierten Pariser Halles Centrales *(22)* von Victor Baltard; sowie die Lyoner Halles Centrales von 1858 von Toni Desjardins. (Die beiden letztgenannten Bauten wurden bedauerlicherweise abgetragen.) Auch bei den vier neuen Pariser Bahnhöfen, der Gare de l'Est von François Duquesney von 1852; der Gare du Nord von Jacob Hittorf von 1861–1865 *(23);* der Gare de St. Lazaire von Gustave Lisch von 1889; und der Gare d'Orsay von Victor Laloux von 1900, wurde mit Metall experimentiert. Gemein war diesen Bahnhöfen eine schwere, eklektische Monumentalfassade und ein funkelndes, palastähnliches Inneres sowie eine industrielle Überdachung der Bahnsteige aus Gußeisen und Glas.

Ein weiteres berühmtes, mittlerweile ebenfalls abgerissenes Bauwerk aus dieser Zeit war die von Charles Dutert für die Pariser Weltausstellung von 1900 entworfene „Maschinenhalle", ein riesiger, 420 × 115 Meter großer Metall- und Glasbau, der gänzlich aus vorgefertigten Teilen zusammengesetzt wurde – für die damalige Zeit eine enorme Leistung. Von der Wirkung dieser Struktur können wir uns anhand eines anderen, gleichfalls berühmten Pavillons von 1900, des Grand

21. Gustave Eiffel, Eiffelturm, Paris, 1889

22. Victor Baltard, Les Halles Centrales, Paris, 1854

23. Jacob Hittorf, Gare du Nord, Paris, 1861–65

24. Henri Deglane, Grand Palais, Paris, 1900

25. François Joseph Belanger, Halle au Blé (Kuppel), Paris, 1808–13

26. Jean-Baptiste Godin, Wohnanlage Familistère, Guise, 1871

27. Felix-Jacques Duban und Ernest-Georges Coquart, L'Ecole des Beaux Arts (überdachter Hof), Paris, 1871–74

28. Gabriel Astruc, Notre-Dame-du-Travail, Paris, 1901

29. Anatole de Baudot, Saint-Jean de Montmartre, Paris, 1894–1904

30. Henri Labrouste, Bibliothèque Ste-Geneviève, Paris, 1850

31. Henri Labrouste, Bibliothèque Nationale, Paris, 1859–68

Palais *(24)* von Henri Deglane, heute noch in etwa ein Bild machen. Dieses Grand Palais besteht aus einer riesigen, im Geiste einer gotischen Kathedrale oder eines gewaltigen Gewächshauses in die Höhe strebenden Metallstruktur, die entsprechend der damaligen formalen Designtechnik von Schichten eklektisch behandelter Räume und Mauern eingeschlossen wird. Die industriellen Baustoffe an der Außenseite des Baus bloßzulegen, hätte noch gegen den guten Geschmack verstoßen.

Die Verwendung von Metallkonstruktionen machte nicht bei Industriebauten oder halbindustriellen Projekten halt. Die Kuppel der Halle au Blé *(25)*, 1808–1813 von François Joseph Belanger in Paris errichtet, wurde ebenfalls aus Metall und Glas gebaut. Die Höfe der sozialistischen Arbeiterwohnungen Familistère in Guise *(26)* erhielten eine industrielle Glasverdachung. Und selbst die große Halle der altehrwürdigen Ecole des Beaux Arts wurde schließlich mit einem großen Glasdach überwölbt, dessen schlanke Metallträger innen unverkleidet blieben *(27)*. Außerdem tauchte Metall nun auch bei Kirchenneubauten auf. So wurden 1854 bei St.-Eugène von Louis-Auguste Boileau und 1867 bei St.-Augustin von Victor Baltard im Inneren unverkleidete Metallsäulen verwendet. Das bemerkenswerteste Beispiel für das Eindringen moderner Materialien in der Welt des Sakralbaus aber stellt die Kirche Notre-Dame-du-Travail von 1901 von Gabriel Astruc *(28)* dar, eine an der Gotik orientierte Komposition aus schlichtem industriellem Leichtmetall.

Das andere Material, mit dem man nun zu experimentieren begann, war der Stahlbeton. Schon bald gehörte Frankreich zu den Ländern, die diesem Baustoff viel Sympathie entgegenbrachten. Ja, es förderte ihn in einem Maße, daß er schließlich, selbst noch in den achtziger Jahren unseres Jahrhunderts, geradezu als eine Art national-französischer Bautechnologie gelten konnte. Seine Beliebtheit hatte das Material nicht nur seiner Wirtschaftlichkeit, sondern auch seiner Formbarkeit zu verdanken, die ein ähnliches architektonisches Erscheinungsbild erlaubt wie das herkömmliche Mauerwerk. 1888 demonstrierte François Hennebique erstmals in Frankreich die Möglichkeiten der Verwendung von Stahlbeton als Tragegerüst durch den Bau eines sechsgeschossigen Hauses in der Rue Danton Nr. 1 in Paris, das bei der Weltausstellung von 1900 große Beachtung fand. Zwischen 1889 und 1904 entwarf und baute der Viollet-le-Duc-Schüler Anatole de Baudot die Kirche St.-Jean de Montmartre *(29)*, bei der er für die

32. Louis-Charles Boileau, Au Bon Marché, Paris, 1869

traditionellen gotischen Bestandteile dünne Betonschalen verwendete, und lieferte dadurch eine neue Interpretation der historischen Form. Beide Architekten gehörten zu einer Gruppe von Pionieren, die entschlossen waren, die neuen Möglichkeiten zu erforschen, und die in den historischen Traditionen lediglich brauchbare allgemeine Modelle sahen, um ihre eigenen Ideen zu ordnen. In gewisser Hinsicht hatten sie sich Durands Sicht zu eigen gemacht, auch wenn sie nur selten mit der akademischen Theorie direkt in Berührung kamen.

Trotzdem nahmen umgekehrt auch akademische Theoretiker wie Julien Gaudet von der Ecole des Beaux Arts Kenntnis von ihrem Bestreben, einen Kompromiß zwischen historischen Vorbildern und den modernen technologischen Möglichkeiten anzusteuern. Die wesentlichen Merkmale eines solchen Kompromisses dürfte Gaudet schon bei seinem illustren Lehrer Henri Labrouste gesehen haben. Dieser hatte bei seinen beiden berühmten Pariser Bibliotheken, der Bibliothèque Ste-Geneviève von 1850 *(30)* und der Bibliothèque Nationale von 1859–1868 *(31)*, den Widerspruch zwischen der Verwendung industriell gefertigter Bauteile und einer aufs Monumentale ausgerichteten Baukunst zu lösen versucht. Seine dualistische Konzeption, die nach außen am traditionellen monumentalen Stadtbild festhielt, im Inneren aber für strukturelle Neuerungen eintrat, trug nicht unwesentlich zur Schaffung einer theoretischen Plattform bei, auf der die architektonischen Veränderungen in der zweiten Hälfte des 19. Jahrhunderts diskutiert werden konnten.

Diese dualistische Tendenz, die nicht nur in Labroustes Werk, sondern auch in den Pariser Bahnhöfen und im Grand Palais zutage tritt, war der Ausfluß des urbanistisch bestimmten Denkens dieser Architekten. Offenkundig gingen sie vom überlieferten monumentalen Stadtbild aus, in dem sich die Gebäude den dramatisch inszenierten Plätzen, Boulevards, Straßen und Parks einzuordnen hatten. Ihre Entwürfe waren also in gewisser Hinsicht auf die Umgebung abgestimmt. Innerhalb dieses Rahmens aber waren die Leichtigkeit und Transparenz von Metall, Glas und Betonträgergerüsten oft fehl am Platz. Eine allgemeine Einführung dieser neuen Bedingungen konnte nur durch eine radikale Änderung der Stadtplanung gerechtfertigt werden. Mit solchen Problemen aber schlugen sich die Architekten dieser Epoche noch nicht herum. Für Überlegungen dieser Art war die Zeit noch nicht reif. Erst das bahnbrechende Werk von Tony Garnier, Le Corbusier und der Funktionalisten sollte die Welt dann ernstlich mit diesem neuen, radikalen und höchst beunruhigenden Dilemma konfrontieren.

Unter all diesen richtungweisenden Neuerungen trug die Entwicklung eines bestimmten Typs wesentlich zur Entstehung internationaler Typologien bei: das mehrgeschossige Warenhaus, das wohl mehr als alle anderen Typen als der französische Beitrag zur modernen Architektur gelten darf. Am besten sind die Eigenarten dieser neuen Gebäudegattung an Bauten oder „grand magasins" wie Paul Sédilles Le Printemps von 1865, Henri Bondels La Belle Jardinière von 1869 und Louis-Charles Boileaus Au Bon Marché von 1869 *(32)* zu erkennen. Mit diesen ganz im Geschmack der von Napoleon III. propagierten „belle époque" gehaltenen eleganten Geschäften an den neuen Boulevards trat die Weitspanntechnologie an, um der Moderne ihre visuelle Botschaft von Reichtum und Heiterkeit, von einzigartiger Offenheit und Zugänglichkeit zu verkünden. Und schließlich sah sich die Architektur durch die Bahnhöfe, die Warenhäuser, durch die Ladenarkaden und Ausstellungshallen, kurzum durch den gesamten technologischen Fortschritt schlicht und einfach gezwungen, dem Gewicht der funktionellen und technischen Faktoren nachzugeben und sich von den poetischen Positionen eklektischer Romantik abzuwenden, um für die neuen rationalen Kriterien neue Konzepte zu entwickeln. Den Rahmen dieser für die

33. Hector Guimard, Hôtel Guimard, Paris, 1910

34. Hector Guimard, Château Béranger, Paris, 1894

35. Louis-Hippolyte Boileau, Hotel Lutetia, Paris, 1910

nächsten drei Architektengenerationen maßgeblichen Architekturphilosophie lieferte der vernunftbetonte Strukturalismus eines Viollet-le-Duc, Choisy und Labrouste.

Zur gleichen Zeit wie die neuen Gebäudetypen tauchte noch eine andere Bewegung auf, deren Bemühungen um die Entwicklung einer modernen architektonischen Sprache sich aus ganz anderen, nichtrationalen Quellen speisten: die Artnouveau-Bewegung oder der „Stil um 1900", wie sie ehedem in Frankreich genannt wurde.

Ausgangspunkt des Jugendstils war die Ablehnung des Historismus, eine Kehrtwendung gegen Abklatsch und Nachahmung und gegen die Akademie. Aber obwohl diese Bewegung einen durchsetzungskräftigen, einzigartigen Gebäudetyp schuf, ist eine Affinität zu klassizistischen Prinzipien und darüber hinaus auch zu anderen historischen Einflüssen unverkennbar. Ganz eindeutig spielte auch bei der Bildung dieser Richtung das historische französische Erbe eine wichtige Rolle. Stilelemente der Gotik, des Barock, des Rokoko und der islamischen Kunst wurden zu einem üppigen, flamboyanten Bauschmuck gekurvter Linien, gewundener Formen und Körper verwoben – nicht zu vergessen die organischen und vegetabilen Formen. Diese Einflüsse führten zu einer höchst individualistischen, persönlichen Architektur von oft willkürlichem Charakter. Dennoch lieferte der Jugendstil in Frankreich wie andernorts auch einen bedeutenden Beitrag zur Entwicklung der modernen Architektur: Zum einen half er die Entwürfe vom Historismus der Akademien zu befreien und zum andern experimentierte er mit großer Begeisterung mit neuen Baustoffen und Technologien.

Der zweifellos größte Repräsentant dieser Bewegung in Frankreich war Hector Guimard (1867–1942), zu dessen berühmtesten Werken Château Henriette in Sèvres sowie Hôtel Guimard (33) und Château Béranger (34) in Paris zählen. Ebenfalls zu erwähnen sind Jules Aimé Lavirotte mit dem äußerst berühmten Keramikhotel an der Place Rapp Nr. 3 in Paris und der gleichfalls berühmten großen Halle der Galéries Lafayette; Georges Chedanne mit dem Pariser Elysées-Palast-Hotel und dem Riviera-Hotel in Monte Carlo; Franz Jourdain mit dem Pariser Warenhaus La Samaritaine; und Louis-Hippolyte Boileau mit dem Pariser Hotel Lutetia (35).

Sonderbarerweise aber konnte sich der Art nouveau trotz Guimards großer architektonischer Begabung in Paris nicht als umfassende Bewegung, als neue „Pariser" Schule, durchsetzen. Statt dessen sprach man lange Zeit von „Guimards Stil", betonte also die stark persönliche Note. Schuld daran war nicht zuletzt, daß Paris noch immer unter dem Einfluß der Ecole des Beaux Arts stand. So war dem französischen Jugendstil in seiner reinen Form nur eine sehr kurze Spanne – von 1896 bis etwa 1906 – vergönnt, ehe er von den Kompositionsmodellen der Beaux Arts mehr oder weniger geschluckt wurde; einzig die typische Art-nouveau-Ornamentik blieb erhalten. Doch das war im 20. Jahrhundert kein Einzelschicksal. Vielen Bewegungen wie der Holländischen Amsterdamer Schule, dem deutschen Expressionismus oder dem italienischen Futurismus war nur ein kurzes Leben beschieden, da sich ihre ursprünglich schöpferischen und visionären Kräfte relativ frühzeitig erschöpften.

Trotz der positiven Entwicklungen und trotz der vielen schöpferischen Architekten aber fällt die Bilanz der modernen französischen Baukunst zu Beginn des Ersten Weltkriegs eher mittelmäßig aus. Im großen und ganzen ließe sich der Übergang vom Historismus zur Moderne als Adaptation alter Bau-

36. Pierre Patout, Appartementhaus, Boulevard Victor, Paris, 1935

37. Michel Roux-Spitz, Appartementhaus, Avenue Henri-Martin Nr. 115, Paris, 1931

38. Jacques Carlu, Louis-Hippolyte Boileau und Léon Azéma, Palais de Chaillot, Paris, 1937

39. Dondel, Aubert, Viard und Dastugue, Musées d'Art Moderne, Paris, 1937

formeln und ästhetischer Prinzipien an neue Bedürfnisse und Erfordernisse charakterisieren. In der Tat bestand die größte Leistung dieser Übergangsära wohl darin, daß sie zwischen Altem und Neuem einen aufgeklärten Kompromiß schuf. Doch nur sehr wenige Professoren und Absolventen der Ecole des Beaux Arts verstanden, die alten Prinzipien auf neue Aufgaben anzuwenden oder durch radikal neue zu ersetzen. Wenige machten auch nur den Versuch dazu. Immerhin war die Bekehrung zu neuen Regeln gleichbedeutend mit der Billigung neuer wissenschaftlicher, rationaler und funktioneller Positionen, die sich in vielem mit der erhabenen, malerischen Beaux-Arts-Poesie und ihrer künstlerischen Abgelöstheit von der Wirklichkeit nur schlecht vertrugen. Anhand idealisierter Beispiele griechisch-römischer Baukunst ausgebildet, sahen sich die Beaux-Arts-Zöglinge einer Welt aus Gußeisen, industriellen Fachwerken, Balkenträgern, Brücken, Aufzügen, Leichttafeln und anderen Baustoffen konfrontiert, die das Ende einer kulturell aufgeklärten Ära ankündigte.

Viele Architekten der Zeit entschieden sich für einen „Mittelweg", den man als „gemäßigte Moderne" bezeichnete. Sie suchten nach einem Konzept, das zwischen dem Bestreben, die soliden historischen Formeln beizubehalten und dem

40. Tony Garnier, Une Cité Industrielle, 1899

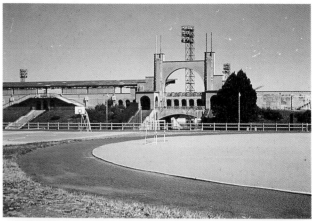
41. Tony Garnier, Stadion, Lyon, 1913–19

42. Auguste Perret, Appartementhaus, Rue Franklin Nr. 25b, Paris, 1903

43. Auguste Perret, Museum für öffentliche Bauten, Paris, 1937

44. Auguste Perret, Kirche Notre-Dame, Le Raincy, 1922

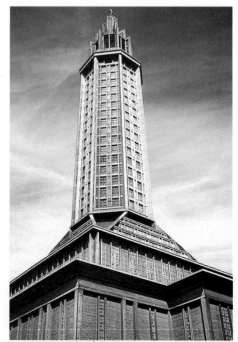
45. Auguste Perret, Kirche St-Joseph, Le Havre, 1949–56

Wunsch, sie dem Geist der Zeit formal, funktionell und technologisch anzupassen, vermittelte. Von diesen konservativen Architekten schufen einige Werke, deren architektonisches Design sehr hoch zu veranschlagen ist. Henri Pacon ist für sein Dorf bei Chantilly von 1928 und den Pariser Bahnhof Gare du Maine von 1929 bekannt geworden, Pierre Patout für sein berühmtes Pariser Wohngebäude am Boulevard Victor von 1935 *(36)*. Der bekannteste dieser Gruppe aber dürfte Michel Roux-Spitz sein, der viele volumetrisch und geometrisch außerordentlich raffinierte Bauten und ausgezeichnetem handwerklichem Sachverstand entwarf, darunter die Lyoner Post von 1938 und die Pariser Wohnbauten in der Avenue Henri Martin Nr. 115 *(37)* und am Boulevard Inkermann Nr. 45.

Eine andere Gruppe der „gemäßigten Modernisten" versuchte, anders als Pacon und Roux-Spitz, die schon als fortschrittlich eingestuft werden könnten, die Methoden der Modernisten den akademischen, neoklassizistischen Entwurfsprinzipien anzupassen. Ausgezeichnete Beispiele für diese Tendenz zu urbaner Monumentalität, vereinfachtem Detail und heroisch zeremoniellen Räumen liefern das Palais de Chaillot *(38)* in Paris von Jacques Carlu, Louis-Hippolyte Boileau und Léon Azéma von 1937 und die Musées d'Art Moderne *(39)* in Paris von Dondel, Aubert, Viard und Dastugue von 1937. Entstanden war dieser Stil ursprünglich im Italien der frühen dreißiger Jahre als Ausdruck der faschistischen Ideologie.

Nur sehr wenige französische Architekten aber wagten zu Beginn des 20. Jahrhunderts über die begrenzten Formen des konventionellen Kompromisses hinauszugehen. Zu diesen wenigen gehörten Tony Garnier, Auguste Perret und Henri Sauvage.

Tony Garnier (1869–1948) hat sich durch sein theoretisches Projekt der *Cité Industrielle (40)* international einen Namen gemacht. Bei der Ecole des Beaux Arts aber stieß das Projekt, als es der Rompreisträger nach seiner Rückkehr aus Rom, wo er es 1899 ausgearbeitet hatte, 1901 vorlegte, auf heftige Ablehnung. Dadurch keineswegs entmutigt, setzte Garnier seine Arbeit daran bis 1917 fort. Erstmals schlug er bei dieser für 35 000 Einwohner geplanten Industriestadt eine funktionsbezogene Zonierung und damit eine Trennung von Industrie- und Wohngebieten vor. Außerdem bezog er die modernen Verkehrsmittel und die sanitären Erfordernisse in die Planung mit ein, die sich im übrigen an den rationalistischen Geist der französischen Tradition hält. Das heißt, sie legt einen geometrischen Rasterplan zugrunde, vergleichbar der Raumaufteilung eines Le Nôtre oder der Akademietradition. Gleichzeitig aber spiegeln Garniers rationale Tendenzen auch sein um den Menschen kreisendes Denken wider: Das gesamte Projekt geht von stark sozialistischen Ideen, den Schriften Emile Zolas und anderer Sozialreformer aus. Der Maßstab der Architektur ist human – keine hohen Gebäude, keine heftigen Kontraste zwischen verschiedenen urbanen Formen. Überall waltet der alles bestimmende Gemeinschaftsgeist. Polizeiquartiere, Gefängnisse und militärische Einrichtungen fehlen. Die Architektur ist einfach, aufs Wesentliche reduziert und kubisch. Als Baustoffe schlägt Garnier Metall, Beton und Glas vor, die Weitspannkonstruktionen und eine flexible Geschoß-

planung gestatten, um Licht und Luft hereinlassen. Durch diese Offenheit, Zugänglichkeit und Transparenz ist seine Cité Industrielle, die er nie ausführen konnte, bereits durch und durch modern. Die Demonstration seiner Ideen blieb allerdings notgedrungen auf seine Lyoner Wohnsiedlung „Le Quartier Etats-Unis" beschränkt. Bekannt geworden aber sind darüber hinaus verschiedene „konstruktivistische" Projekte in Lyon wie sein berühmtes Stadion *(41)* von 1913–1919, der Schlachthof und sein Entwurf für die Börse. Baustoff ist in allen Fällen Beton, das Standardmaterial der französischen Avantgarde.

Letztlich übte sein Industriestadt-Projekt einen starken Einfluß auf die Entwicklung der modernen Stadtplanung aus. Beweis dafür sind Le Corbusiers „Ville Radieuse" sowie die vom Bauhaus propagierten Stadtplanungsprinzipien.

Auguste Perret (1874–1954) entdeckte und erprobte viele Prinzipien, die Mies van der Rohe dann in seinem späteren Werk aufgreifen sollte. Der Franzose versuchte, das klassische Architekturkonzept durch die Verknüpfung mit modernen Konstruktionstechniken neu zu interpretieren und ihm dadurch eine frische, persönliche Note zu geben. In seinem

46. Henri Sauvage, Appartementhaus, Rue Vavin Nr. 26, Paris, 1912

47. Henri Sauvage, Appartementhaus, Rue des Amiraux, Paris, 1922

Herzen aber war Perret, auch wenn seine Entwürfe zutiefst von der Beaux-Arts-Ästhetik durchdrungen sind, ein Pragmatiker. Für ihn hatten die technischen Probleme absoluten Vorrang, wiewohl sein Interesse an formalen Dingen mit der Zeit zunahm. Im Mittelpunkt seiner Überlegungen standen stets technische Probleme. Vor allem ging es ihm um die Verwendung von Beton als Baumaterial, den er in ein System hoch rationalisierter Planungs- und Konstruktionsprinzipien zu integrieren versuchte. Eine lange Liste seiner Bauten – vom berühmten Appartementhaus in der Rue Franklin Nr. 25 von 1903 *(42)*, dem Theater an den Champs-Elysées, dem Museum für öffentliche Bauten in Paris *(43)* über die Kirche Notre-Dame in Le Raincy *(44)* bis zum Wiederaufbau des Zentrums von Le Havre nach dem Zweiten Weltkrieg mit dem Bau der Kirche St.-Joseph *(45)* – ist ein Beleg für seine unwandelbare Vorliebe für die klassische Linie im Entwurf, aber auch für eine demonstrative Betonung des Konstruktionsgerippes und der organischen Integrität im Sinne Viollet-le-Ducs in der Praxis.

Ein anderer höchst origineller und schöpferischer Architekt dieser Zeit war Henri Sauvage (1873–1932), der Erfinder der sogenannten „hygienischen" Wohnhäuser. Den Anstoß zu seinen diesbezüglichen Untersuchungen hatten die vielfach katastrophalen Lebensbedingungen im übervölkerten Paris gegeben, einem wahren Brutplatz der Tuberkulose, der damals größten Gefahr für die öffentliche Gesundheit. Um dieser Krankheit beggnen zu können, wurden neue, moderne Gebäudetypen wie das Sanatorium und neue Ideen im Wohnungsbau sowie in der Stadtplanung entwickelt. Trotz des anfänglichen Widerstands der französischen Bourgeoisie, die ja seit je her alles Neue ablehnte, gewannen im französischen Wohnungsbau des 20. Jahrhunderts dann schließlich doch neue Vorstellungen von Wohnkomfort, guter Belüftung, Öffnung für Sonne und Außenwelt die Oberhand. Den Weg dahin wies Sauvage durch verschiedene bemerkenswerte Pariser Appartementhäuser wie das Haus in der Rue Vavin Nr. 26 *(46)* und ein anderes in der Rue des Amiraux *(47)*, zwei aufgrund ihrer zikkuratähnlichen Baumasse bekanntgewordene Bauten, die die Anlage von außergewöhnlich vielen Terrassen ermöglichten. Nicht weniger wichtig war die Verwendung heller, abwaschbarer Keramikfliesen an der Fassade, die zum etwas klinischen Erscheinungsbild der Gebäude beitragen. Ebenfalls als erster baute Sauvage aus Gründen einer besseren Belichtung und Belüftung des Inneren Wohnungen mit Zimmern auf zwei Stockwerken. In anderen, nicht realisierten Projekten wie dem berühmten Entwurf für die Place Maillot in Paris führte er das Thema des zikkuratähnlichen Appartementblocks mit ausgedehnten Terrassen und Schwimmbädern im Inneren fort, die Gesundheits- und Hygienezwecken dienen sollten. So liefert Sauvage ein frühes Beispiel des sozial orientierten modernen Architekten, der aufgrund seiner Aufgeschlossenheit für die diversen komplexen Anliegen der Öffentlichkeit eine charakteristische, einzigartige Bauweise entwickelte.

Trotz des Interesses einiger Architekten wie Garnier und Perret an moderner Technologie aber inspirierte sich ihre Architektur im allgemeinen an historischen Vorbildern. In den Reihen der neuen Generation jedoch tauchten auch radikale Reformer auf, die, angeregt von den gesellschaftspolitischen und wissenschaftlichen Revolutionen des 20. Jahrhunderts, ein zeitgemäßes neues Konzept ohne alle Kompromisse entwickeln wollten. Diese Generation suchte Anregungen in Ländern, in denen die Moderne bereits weiter fortgeschritten war als in Frankreich. Beispielsweise in der Sowjetunion, dem Geburtsort des Konstruktivismus, in Deutschland, wo das Bauhaus zunehmend an Einfluß gewann und in Holland, dessen De-Stijl-Bewegung weltweites Ansehen erlangt hatte. Daneben schaute die französische Avantgarde auch auf den italienischen Futurismus und die Werke Frank Lloyd Wrights.

Auch Frankreich lieferte mit den Werken und Theorien von Le Corbusier, Robert Mallet-Stevens, André Lurçat und Pierre Chareau einen bedeutenden Beitrag zur Entwicklung des Internationalen Stils. Auf nationaler Ebene aber darf man den Gesamtbeitrag dieser Männer trotz Le Corbusiers Genie nicht überschätzen. Der Einfluß des von der Ecole des Beaux Arts propagierten Historismus überwog noch immer viel zu sehr. Bezeichnenderweise kam auch keiner der drei größten französischen Pioniere der modernen Architektur in Frankreich selbst auf die Welt, obwohl sie alle von französischer Abstammung waren. Perret und Mallet-Stevens wurden in Brüssel geboren, Le Corbusier in La Chaux-de-Fonds in der Schweiz. 1908 traf Le Corbusier in Paris ein, wo er Franz Jourdain, Henri Sauvage, Tony Garnier und Auguste Perret kennenlernte, in dessen Atelier er einige Monate arbeitete. Sein erster französisch inspirierter Entwurf war das „Domino"-System, ein Konstruktionssystem aus vorgefertigten Standardelementen zur Beseitigung der Wohnungsnot nach dem Ersten Weltkrieg. Es war eine Fortführung von Perrets Skelettbaustudien und sollte einer der fundamentalsten Planungsgrundsätze Le Corbusiers bleiben.

1920 begann er theoretische Interessen zu zeigen. In diesem Jahr gründete er zusammen mit dem französischen Maler Amédée Ozenfant die gegen die „barocken" Schmucktendenzen des Kubismus gerichtete Bewegung des sogenannten „Purismus". Im gleichen Jahr schuf er sich durch die kritische Zeitschrift *L'Esprit Nouveau* ein Organ für seine radikalen und provokativen Ansichten. Und von da an versuchte er durch Schriften, Veröffentlichungen und Werk-Ausstellungen die französische Öffentlichkeit zu überzeugen, daß nun die Zeit für eine radikal andere Architekturkonzeption gekommen sei. 1924 erschien seiner früher Essay *Vers une architecture* (dt., Kommende Baukunst, 1926; Ausblick auf eine Architektur, 1963), der die internationale Architektengemeinschaft auf Anhieb nachhaltig beeindruckte. Auf dieses erste Glaubensbekenntnis, das seine tiefsten Überzeugungen und tragenden Grundsätze enthielt, folgten die vom theoretischen Standpunkt aus nicht weniger radikalen und wichtigen Werke *Ville Radieuse* und *Almanache d'architecture moderne* (dt. *Städtebau* 1929). 1933 spielte le Corbusier dann auf dem dritten Kongreß der CIAM (Congrès Internationaux d'Architecture Moderne) in Athen eine entscheidende Rolle. Unter seinem Einfluß wurde die berühmte „Charta von Athen" formuliert, die nach dem Zweiten Weltkrieg als Grundlage für die Planung neuer Städte diente. Ironischerweise aber sollte sich *La Charte d'Athènes* in das starrste ideologische Dokument der Moderne verkehren, das letztlich nicht minder dogmatisch auftrat als der Historismus der Ecole des Beaux Arts, gegen den es sich

48. Le Corbusier, Haus Ozenfant, Paris, 1920–22

49. Le Corbusier, Villa Stein, Garches, 1927

50. Le Corbusier, Villa Savoye, Poissy, 1928–31

51. Le Corbusier, Schweizer Pavillon, Cité Universitaire, Paris, 1930–32

52. Le Corbusier, Cité de Refuge, Paris, 1929

53. Le Corbusier, Cité Frugès, Pessac, 1925

54. Robert Giroud und Morice Leroux, Wohnbauten, Villeurbanne, 1935

55. Robert Mallet-Stevens, Villa Allatini, Paris, 1926

ursprünglich gerichtet hatte. Kein Wunder, daß Le Corbusier trotz vehementer Proteste gegen eine solche Einstufung oft als moderner Anhänger der Akademie bezeichnet wurde.

In der Zeit zwischen den beiden Weltkriegen konnte Le Corbusier nur wenige, aber bedeutende Projekte realisieren. Darunter das Haus Ozenfant von 1920–22 (48), die Villa Roche von 1923/24, die Villa Stein von 1927 (49), die Villa Baizeau von 1928 und seine berühmteste Villa vor dem Zweiten Weltkrieg, die Villa Savoye von 1928–31 (50). Dazu kamen in diesem Abschnitt einige Großbauten, Wohnanlagen und öffentliche Bauten, wie der Pavillon de l'Esprit Nouveau von 1925, den er als Grundzelle seines Vorschlags für die Errichtung von „Immeuble Villas" in großem Maßstab präsentierte, das Maison Clarté in Genf, das Immeuble Nungesser et Coli in Paris, der Schweizer Pavillon in der Cité Universitaire in Paris (51), die Cité de Refuge für die Heilsarmee in Paris (52) und das unvollendete Zentrosojus in Moskau. Ergänzt wurden diese Projekte durch eine Reihe umfassender, radikaler städtebaulicher Vorschläge für verschiedene Städte – 1930 zwei für Algier; 1933 Projekte für Stockholm, Antwerpen und Genf; 1934 ein Projekt für Nemours; 1935 ein Projekt für die „Ville Radieuse", seinen fundamentalsten Plan für die ideale moderne Stadt; 1938 ein Projekt für St.-Cloud in Paris. Von all diesen theoretischen Studien und Projekten, die bei der Öffentlichkeit vielfach auf heftigen Widerstand stießen, wurde lediglich eine kleine Arbeiterwohnsiedlung in Pessac bei Bordeaux (52) verwirklicht. Doch selbst dieses Projekt war in der Öffentlichkeit heftig umstritten und wurde allgemein abgelehnt. Le Corbusiers avantgardistische Lösungen und Argumente waren für das konservativ gesonnene Frankreich viel zu radikal. Außerdem war Frankreich nach dem Ersten Weltkrieg ungeheuer geschwächt, ausgeblutet und zerstört und allein von daher nicht imstande, die von Le Corbusier geforderte *tour de force*, dieses Umdenken im großen Maßstab, mitzumachen.

Auch die städtebaulichen Projekte anderer Architekten der Zeit wurden nur bruchstückhaft, ohne inneren Zusammenhang und recht mangelhaft ausgeführt. Zu den wenigen Ausnahmen zählen die bemerkenswerten „Wolkenkratzer" in Villeurbanne bei Lyon (54) von 1935 von Robert Giroud und Morice Leroux sowie „La Cité de la Muette" in Drancy von Marcel Lods und Eugène Beaudouin von 1935. Die besten Leistungen, die der französische Städtebau der Zeit zustande brachte, waren die in verschiedenen Vorstädten nach den Idealen des britischen Planers Ebenezer Howard errichteten „Gartenstädte". Die interessantesten wurden zwischen 1919 und 1930 von Maistrasse und Quoniam in Suresnes, von Gonnot und Albenque in Stain und von Bassompierre, De Rutté und Sirvin von 1932 bis 1939 in Châtenay-Malabry, samt und sonders in der Umgebung von Paris, gebaut. Le Corbusiers futuristische Visionen jedoch – die „Moderne Stadt für drei Millionen Einwohner" von 1922 und die „Ville Radieuse" von 1930 – waren auf einen wahrhaft heroischen Maßstab ausgelegt. Sie wurden sofort nach ihrer Vorlage abgelehnt, als antifranzösisch, barbarisch, unvernünftig und wirtschaftlich wie sozial nicht einleuchtend verrissen. Le Corbusier mußte sich bis zur zweiten Hälfte der vierziger Jahre gedulden, ehe seine Vorschläge wenigstens teilweise realisiert wurden.

Letztlich aber setzten sich seine vor dem Zweiten Weltkrieg konzipierte „Wohnmaschine" und seine städtebaulichen Planungsprinzipien doch durch. Im Rückblick betrachtet, der ja eine breitere historische Perspektive eröffnet, erweisen sich seine schöpferischen Bemühungen als dynamische Fortführung der geistigen Traditionen des Kartesianismus, als Versuch, den Geist des Rationalismus im Gewand einer neuen Architekturtheorie wiedererstehen zu lassen – eine Konzeption, die über Frankreichs Grenzen hinaus wahrhaft internationale Geltung erlangen sollte. Le Corbusiers analytisches Genie war imstande, eine Vielzahl internationaler Einflüsse und Phänomene zu einem einheitlichen Kanon von Prinzipien und Richtlinien zusammenzufassen, der nach dem Zweiten Weltkrieg für eine Generation internationaler Architekten und Akademiker wegweisend werden sollte.

56. Pierre Chareau, Maison de Verre (Glashaus), Paris, 1928–31

57. Jean Camille Formigé, Hochbahnstrecke der Pariser U-Bahn, 1902–06

Ebenso dem Internationalen Stil zuzurechnen ist Robert Mallet-Stevens (1886–1945), wenn auch mit einer besonderen Neigung zum Architekturkonzept der holländischen De-Stijl-Bewegung und Le Corbusiers Purismus. 1924 definierte er Architektur als die Kunst der Geometrie auf der Grundlage platonischer Körper (hauptsächlich Kuben) gepaart mit einer nachdrücklichen formalen Betonung rechtwinkliger Systeme. Die äußere Gliederung seiner Bauten spiegelt in Entsprechung zur inneren, funktionellen Raumaufteilung eine strikt rationale platonische Geometrie, sein Stil, der sich durch einfache, weiße Flächen, d. h. durch ein leichtes und transparentes Erscheinungsbild auszeichnet, das Streben nach formalem Purismus wider. Seine berühmtesten Gebäude, die Villa Allatini (52), die Villa Dreyfuss, die Villa Reifenburg, die Villa Martel und die Villa Mallet, finden sich in einer schmalen, nach ihm benannten Straße im vornehmen sechzehnten Pariser Arrondissement.

58. Louis Biette, Brücke von Auteuil, Paris, 1906

Ein weiterer Vertreter des Internationalen Stils war André Lurçat (1894–1970), dessen Theorien und Entwürfe, wie bei den meisten Anhängern der Moderne, im Zeichen sozialistischer gesellschaftspolitischer Überlegungen standen. Nach seiner Rückkehr von einem kurzen Aufenthalt aus der Sowjetunion, wo er in den dreißiger Jahren einige Reisen unternahm und Vorträge hielt, verfaßte er die fünfbändige theoretische Abhandlung Formes, composition et lois d'harmonie, die in den fünfziger Jahren erschien. Ziel seiner Schriften war, der Öffentlichkeit klarzumachen, daß auf der Grundlage der radikal veränderten historischen Bedingungen ein neuer Typ von Architektur entwickelt werden mußte. Architektonische Formen sollten den ideologischen und psychologischen Gehalt der Zeit widerspiegeln. Seine Bauwerke zeigen Lurçat, wie Mallet-Stevens, als Anhänger konstruktivistischer Prinzipien: Physisch leicht und transparent, offenbaren sie durch ihre einfache Formensprache und technologische Effizienz unverhüllt ihre Funktion. Spielerisch wechseln immer wieder leere und massive Partien miteinander ab, manifestiert sich die Vorliebe für rechtwinklige Formen.

59. Georges Chedanne, Bürogebäude, Rue de Réaumur Nr. 124, Paris, 1908

Seine größten Werke vor dem Zweiten Weltkrieg umfassen Schulentwürfe, darunter sein Meisterwerk, die Karl-Marx-Schule in Villejuif bei Paris. Ebenfalls sehr bekannt sind die Maison Jean Lurçat von 1924 in Paris, die Maison Hefferlin in Ville d'Avray von 1931 und das Hotel Nord-Sud in Calvi von 1930/31.

Das ungewöhnlichste Mitglied dieser Avantgardegruppe aber war zweifelsohne Pierre Chareau (1883–1950), der als Innenarchitekt und Möbeldesigner ausgebildet worden war und erst später zur Architektur fand. Sein berühmtestes Bauwerk, das großen Einfluß auf die internationale Architektur ausüben sollte, war die Maison de Verre von 1928–31 *(56)* im Hof eines Wohnquartiers aus dem 19. Jahrhundert im Zentrum von Paris. Dieses dreistöckige Glas-Metall-Haus übersetzte die Planungsprinzipien, die der Erfinder der „Wohnmaschine", Le Corbusier, in seinem Werk zu realisieren versuchte, in absolut radikaler Weise in die Wirklichkeit.

Natürlich waren die ersten Vertreter der französischen Avantgarde von den Leistungen des Ingenieurbaus der Zeit tief beeindruckt. Allein schon der Begriff der Moderne erfüllte einen Architekten damals mit Bewunderung für Brücken, Speicher, Hangars, Baukräne, Montagehallen, Flugzeuge und Schiffe. Die Vorstellungen vieler Baumeister und Künstler waren durch die visuellen Erfahrungen im Ersten Weltkrieg entscheidend geprägt worden. Man denke nur an das Gefühl der Begeisterung, das Fernand Léger angesichts des 75-mm-Geschützes erfaßte, an die Architekturskizzen von Erich Mendelsohn aus den Schützengräben an der Ostfront, an Antonio Sant'Elias Heldentod an der Alpenfront oder Le Corbusiers Liebe zu Schiffen, Flugzeugen und Panzern. Ebenso an- und aufregend empfanden europäische Geister amerikanische Wolkenkratzer, Brücken und andere Konstruktionen. Die fortgeschrittene Ingenieurbaukunst wurde auf ein Piedestal gestellt und zur Kunst erhoben und jegliche Nachahmung der Vergangenheit verworfen und lächerlich gemacht.

Kein Wunder, daß einige große französische Ingenieure, als sie die Szene betraten, mit Jubelgeschrei als Pioniere und Giganten begrüßt wurden. Der berühmteste war natürlich Gustave Eiffel, der Erbauer des weltweit bekannten Eiffelturms (1887) und der bemerkenswerten Truyère-Brücke von 1880. Daneben gab es aber noch andere, nicht minder einflußreiche Ingenieure und nicht weniger epochale Bauten, beispielsweise die zwischen 1902 und 1906 von Jean Camille Formigé entworfene Hochbahnstrecke der Pariser U-Bahn *(57)* oder die Brücken von Auteuil *(58)* und Austerlitz von Louis Biette. Auf ihren Einfluß geht das rigoros moderne Bürogebäude mit seiner nach strikt rationalen geometrischen Prinzipien gegliederten Außenhaut aus Metall und großen Glasplatten in der Rue de Réaumur Nr. 124 *(59)* von Georges Chedanne zurück. In der Tat wirkte sich die industrielle Formgebung direkt auf die Formensprache der Architektur aus. Ein anderer französischer Ingenieur, dessen Werk deutliche Spuren im modernen französischen Design hinterließ, war Eugène Freyssinet (1879–1962), der Vater der Spannbetonbautechnologie, dessen berühmte (1944 zerstörte) Flugzeughangars im Flughafen Orly, zwei außerordentlich elegante parabolische, 61 m hohe und 300 m lange Gewölbe, heute noch unvergessen sind.

Ebenso viele seiner Brücken, wie die bahnbrechenden (heute gleichfalls zerstörten) Betonkonstruktionen über den Cher in Boutiron und Veurdre. Das Werk von Eiffel, Freyssinet und anderen übte v. a. einen entscheidenden Einfluß auf die architektonische Konzeption der „Wohnmaschine" und die Stadtplanung aus. Ohne die Ingenieure hätte es die Moderne nicht gegeben.

Dennoch müssen wir zum Schluß noch einmal betonen, daß die französische Architektur trotz der kreativen und professionellen Bedeutung von Männern wie Le Corbusier, Mallet-Stevens, Lurçat, Chareau und Freyssinet, die wir als erste französische Avantgarde bezeichnen möchten, für die internationale Entwicklung der modernen Architektur eine recht bescheidene Rolle spielte. Einzig Le Corbusier erlangte wahre internationale Geltung. Im großen und ganzen aber fehlte es der französischen Baukunst entweder an schöpferischer Spontaneität, wie sie Bewegungen wie dem deutschen Expressionismus zu eigen waren, oder an einer breiteren politischen und gesellschaftskritischen Basis, von der das Bauhaus, der russische Konstruktivismus, der holländische Funktionalismus und die romantischen Schulen von Amsterdam und Wien ausgingen. Außerdem standen den modernen französischen Architekten im Gegensatz zu ihren amerikanischen Kollegen nicht ohne weiteres die Mittel für eine Entwicklung in großem Maßstab zur Verfügung. In Frankreich blieb die moderne Architektur die Domäne einiger weniger Avantgardisten, die das Glück hatten, Klienten zu finden, die sich auf solche Herausforderungen einließen. Anders als die sozial unterstützten Bewegungen in Deutschland, Holland und Rußland, die schließlich mit Großaufträgen im öffentlichen Wohnungsbau sowie kultureller und industrieller Anlagen betraut wurden, war die Avantgarde der Moderne in Frankreich auf eine elitäre Klientel und eine kleine Auswahl von Gebäudearten beschränkt. So blieb die moderne Architektur für die französische Öffentlichkeit eine recht eingeengte, exklusive und willkürliche Angelegenheit. Die öffentlichen und von der Regierung geförderten Aufträge wurden ironischerweise nach wie vor weitgehend an konservative, an der Ecole des Beaux Arts ausgebildete Architekten vergeben. Zeugen dafür: die Pariser Wohnsiedlungen am Boulevard Périphérique sowie die meisten Institutsgebäude der zwanziger und dreißiger Jahre. Erst nach dem Zweiten Weltkrieg bahnte sich in der Hierarchie der französischen Architektur ein durchgreifender Wandel an. Bis dahin aber war die französische Tradition einfach zu mächtig, als daß sie von einigen wenigen radikalen Revolutionären hätte überwunden werden können.

Die Architektur nach dem Zweiten Weltkrieg

„Das erste Industriezeitalter, das vor hundert Jahren begann, war ein Zeitalter des Chaos. Das zweite Industriezeitalter, das eben erst angebrochen ist, wird eine Zeit der Harmonie werden."
Le Corbusier

Hatte die französische Architektur zwischen 1859 und 1939 viele Kämpfe zwischen den Anhängern der historischen Tradition und den Pionieren der Moderne durchgestanden und im Zuge dieser Auseinandersetzungen viele heroische Augenblicke erlebt, so verliefen die beiden Jahrzehnte nach dem Zweiten Weltkrieg weitaus weniger heroisch. Letztlich trug dann die Moderne den Sieg davon; der eklektische Einfluß der Ecole des Beaux Arts brach vollständig in sich zusammen und das Verhältnis zwischen den beiden radikal gegensätzlichen Ideologien entspannte sich. Der Grund für diese Wendung liegt auf der Hand: schlicht und einfach das Ausmaß der Zerstörung des Landes, das das nach dem Ersten Weltkrieg noch übertraf. Viele Städte waren dem Erdboden gleichgemacht, und auch die französische Wirtschaft hatte schwer gelitten. Die Wohnungsnot, durch das schnelle Nachkriegswachstum der Bevölkerung noch drastisch verstärkt, geriet zur Katastrophe. Radikale, praktische Lösungen waren dringend erforderlich.

Unmittelbar nach dem Krieg wurde das Ministerium für Wiederaufbau und Stadtplanung gegründet und mit der Organisation und Beschaffung von Massenwohnungen beauftragt. Diese Projekte erforderten sorgfältig durchdachte Planungsvorschriften, die eine umgreifende, wirksame Koordinierung der Bauanstrengungen ermöglichen. Vor allem sollten die Kosten gesenkt und die Bauzeit drastisch reduziert werden, industrielle Baumethoden in den verantwortungsbewußt geplanten Massenwohnungsbau und die städtebauliche Vorschriften mit einbezogen werden. Dank der schnellen Erholung der französischen Volkswirtschaft (nicht zuletzt durch die Verstaatlichung der wichtigsten Industrien) konnten beim Wiederaufbau der zerstörten Städte und der Beschaffung von Massenwohnungen bemerkenswerte Erfolge erzielt werden. Das führte u. a. dazu, daß die französische Architektur von Einzweckentwürfen zur Massenfertigung überging. Eine kreative, professionelle Revolution von noch nie dagewesenem Ausmaß fand statt. Dank der Einführung zentralisierter Planungs- und Produktionsmethoden konnten zwischen 1945 und 1967 fast dreieinhalb Millionen Wohnungen gebaut werden. Der Sieg der Moderne bedeutete nicht nur einen Sieg der fortschrittlichen Bautechnologie, sondern auch den Sieg des von Le Corbusier schon vor dem Zweiten Weltkrieg entwickelten Ideals der funktionellen „Ville Radieuse". Damals war das Konzept verworfen worden; nun stieg es zum obersten Gesichtspunkt bei der Planung neuer Wohnanlagen auf.

Nach zehn Jahren einer massiven Bautätigkeit kristallisierte sich ein neuer städtischer Prototyp heraus, das „Grand Ensemble", eine Satellitenstadt, genauer eine Schlafstadt für die größeren urbanen Zentren Frankreichs. Die Idee des „Grand Ensemble" konzentrierte sich auf zwei wichtige Aufgaben. Zum einen auf den Wiederaufbau zerstörter Städte wie Le Havre, Saint-Malo, Beauvais und Caen, der hinsichtlich der Integration der neuen Komplexe in die erhaltenen Überreste durchaus als geglückt bezeichnet werden kann. Und zum andern auf den Bau von Schlafstädten in großem Maßstab ohne irgendwelche kulturellen oder baulichen Integrationsrücksichten. Diese Stadterweiterungen wurden gleichbedeutend mit architektonischem Gigantismus, starrer Planung, Gefühlskälte

60. Tambuté und Delacroix, La Courneuve, 1964

61. Boileau und Labourdette, La Sarcelle, 1959

62. Le Corbusier, Unité d'Habitation, Marseille, 1948

63. Le Corbusier, Notre-Dame de Haut, Ronchamp, 1951–55

64. Le Corbusier, Kloster La Tourette, Eveux-sur-Arbresle, 1957–60

65. Le Corbusier, Maison du Brésil, Paris, 1957

66. André Wogenscky, Präfektur, Nanterre, 1972

und ästhetischer Monotonie. Außerdem wurden sie zu einer Brutstätte gravierender sozialer Probleme, die bis heute nicht gelöst sind. Zu den berüchtigteren – samt und sonders in der Nachbarschaft von Paris – gehören Massy-Anthony von Sourel und Duthileul von 1960, La Courneuve (60) von Tambuté und Delacroix von 1964 und die verrufenste von allen, La Sarcelle (61) von Boileau und Labourdette von 1959. Einige wenige französische Architekten aber verstanden die „Grand Ensemble"-Prinzipien erfolgreich anzuwenden. Darunter André Lurçat, dessen bedachte bauliche Neugestaltung von Saint-Denis ebenso Erwähnung verdient wie seine beispielhaften Vorschläge für andere Orte in der Nähe von Paris wie Blanc-Mesnil und Villejuif. Sein bedeutendster Beitrag aber lag auf dem Gebiet der Stadtplanung, vornehmlich der Nachbarschaftsplanung, für die er radikal andere Grundsätze vorschlug, als die Grands Ensembles.

1947 schließlich erhielt auch Le Corbusier selbst eine Gelegenheit, seine theoretischen Ideen, einschließlich des Vorschlags für die „Ville Radieuse", in der Praxis zu testen. Dank der Förderung durch das Ministerium für Wohnungsbau wurde mit seiner Unité d'Habitation in Marseille (62) erstmals eine „Immeuble Villa" oder die „Wohnmaschine" in ihrer Grundform verwirklicht. Später wurde sie als einer der wichtigsten funktionellen Bautypen der Moderne zahllose Male nachgeahmt. Vier weitere Unités folgten in Nantes-Rezé, Firmini-Vert, Briey-en-Fôret und in Berlin. Erstaunlicherweise aber erhielt Le Corbusier keine Chance, in Frankreich eine neue Stadt zu bauen. Stattdessen ging er nach Indien, wo er im Auftrag der Regierung Nehru Chandigarh, die neue Hauptstadt des Pandschab, plante und baute. Hier nun konnte er endlich einige seiner frühen, wesentlichen Planungsideen realisieren. In Frankreich dagegen galt er noch immer als zu radikal, um sich für die realistischen und spekulativen Ziele der Bauindustrie und des Massenwohnungsbaus einspannen zu lassen. Die Folge war, daß seine Ideen mangels besserer von den Pragmatikern herangezogen, aber vereinfacht und vulgarisiert, mit einem Wort, den Produktionszwecken angepaßt und für die Welt der „Grands Ensembles" mißbraucht wurden.

Le Corbusier selbst jedoch hatte sich mittlerweile weiterentwickelt. Der Zweite Weltkrieg war nicht spurlos an ihm

67. Pier Luigi Nervi, Ausstellungshalle, La Défense, Paris

68. Candilis, Josic, Woods, Toulouse-Le Mirail, 1961

vorübergegangen. Seine persönlichen, oft tragischen Erfahrungen und die im Umbruch begriffene Welt übten einen tiefen Einfluß auf ihn aus. Er ließ die Idee der reinen „Wohnmaschine" hinter sich und wandte sich mit seiner ganzen schöpferischen Kraft expressionistischen, stark persönlich gefärbten Entwürfen zu. Seine späteren Bauten rücken eindeutig vom frühen rationalistischen Typus der Moderne ab. So die Wallfahrtskirche Notre-Dame du Haut in Ronchamp (63), das Kloster La Tourette (64), die Maisons Jaoul, das Sekretariat, die Gesetzgebende Versammlung und der Oberste Gerichtshof von Chandigarh, das Museum in Ahmedabad, das Carpenter Center in Harvard und die Maison du Brésil in Paris (65). Zusammen regten sie die Schaffung einer anderen, gewöhnlich als Brutalismus bezeichneten internationalen Bewegung an, die besonders in Deutschland, in der Schweiz und in England Fuß faßte.

Zwar wurden Le Corbusiers Werke und Theorien wegen ihrer negativen Auswirkung auf die soziale Seite des öffentlichen Wohnungsbaus von der öffentlichen Kritik zunehmend unter Beschuß genommen, die elementaren Kriterien seiner formalen und funktionellen Prinzipien aber übten auch weiterhin einen starken Einfluß auf die französische Architektur aus. Deutlich sichtbar wurde dieser Einfluß in den Werken früherer Mitarbeiter wie André Wogenscky, der sich bei seiner Präfektur in Nanterre (66) ebenso wie bei seinem Haus der Kultur in Grenoble und bei seinem St-Antoine-Hospital in Paris unverkennbar an die Grundthesen und Anliegen von Le Corbusier hielt. Aber selbst in den Werken einer neuen Architektengeneration, die sich in vielen Streitfragen gegen ihn wandte, finden sich zahlreiche wesentliche Merkmale seiner Konzeptionen in neuer Interpretation wieder. Angesichts der wahrhaft prophetischen Natur seines Werks nimmt auch die erneute Hinwendung zu seinen Ideen in den achtziger Jahren nicht wunder. Allerdings scheint man sich nun im Gegensatz zu den späten sechziger und den siebziger Jahren mehr für seine frühe Sprache als für seine späteren städtischen Experimente zu interessieren.

Die späten fünfziger und die sechziger Jahre dagegen reagierten kritisch auf die dogmatischen Methoden und Gepflogenheiten der Nachkriegsarchitektur. Eine neue Architektengeneration betrat die Bühne, die an Le Corbusiers Ansichten, aber auch an das Konzept des „Grand Ensemble" einen vielfach äußerst kritischen Maßstab anlegte. Natürlich muß man ihr Verhalten vor dem allgemeinen gesellschaftspolitischen Hintergrund jener Jahre sehen. Es war die Zeit, die Amerikas Führungsanspruch in der Welt in Frage stellte, die Zeit des Vietnam- und Algerienkriegs, die Zeit von General De Gaulles imperialer Politik, die Zeit der aufkommenden multinationalen Verflechtungen der Wirtschaft und schließlich die Zeit der Proteste und Demonstrationen der Linken, die unter anderem De Gaulle beinahe regierungsunfähig machten und zur Schließung der Ecole des Beaux Arts führten, einem der Zentren heftiger Studentendemonstrationen. Vordringliches Anliegen dieser Zeit war die Prüfung bestimmter gesellschaftspolitischer Standpunkte und kreativer Lösungsvorschläge, die ja zu einem guten Teil aus den Reihen der Architekten kamen, auf ihre Moral.

In Frankreich konzentrierte sich die Architekturdiskussion auf die Handhabung des Massenwohnungsbaus nach dem Krieg, auf die Ausbildung der Architekten, die Sozialprogramme der Regierung und die Rolle der Privatwirtschaft beim sozialen Wohnungsbau. Allgemein herrschte das Gefühl vor, es müsse eine radikale Änderung erfolgen. Und da die Architektur in vielen sozialen Bereichen – beim sozialen Wohnungsbau, im Bildungs- und Gesundheitswesen, bei Tagespflegestätten und bei der Freizeitgestaltung, bei Sportanlagen und bei der Volkskultur – ein entscheidendes Wort mitzureden hatte, wurde sie nun stark politisiert. Das führte zur Entwicklung neuer, sozial orientierter Denkmodelle und in der Verlängerung zu einer neuen Sprache der Architektur. So schuf sich auch die französische Architektur der sechziger Jahre ihr eigenes, unverwechselbares Vokabular, in das freilich auch viele in anderen westlichen Ländern umlaufende Vorstellungen und Ideen eingingen. Allgemein visierten die Architekten dieser Zeit höchst futuristische, supermoderne, dynamische, mobile und hochtechnisierte Architekturformen an. Das bedeutete,

69. Jean Renaudie, Pierre Riboulet, Gerard Thurnauer und Jean-Louis Véret, Kinderbibliothek, Petit Clamar, 1967

70. Jean Renaudie und Nina Schuch, Wohnbau, Ivry-sur-Seine, 1963–68

71. Jean Renaudie und Nina Schuch, Wohnsiedlung, Givors, 1974–81

das Planungserbe der Nachkriegszeit in Frage stellen. Trotz ihrer höchst experimentierfreudigen Einstellung aber setzte sich die „Avantgarde" der Zeit doch in aller Welt auch mit gesellschaftspolitischen Fragen auseinander. Einen spürbaren Einfluß übten Buckminster Fuller, Frei Otto, Peter Cook, Ron Herron und Konrad Wachsmann auf sie aus. Geodätische Kuppeln, Kabelsysteme, Raumfachwerke, vorgefertigte Wohnzellen sowie unterirdische und mobile Städte gehörten zu ihren Lieblingsthemen. Zwar wurden nur wenige von diesen Entwürfen verwirklicht; ihre Wirkung auf die Generation der achtziger Jahre verfehlten sie gleichwohl nicht.

Auf der mehr pragmatischen Seite übte v. a. das Werk des italienischen Ingenieurs Pier Luigi Nervi einen beträchtlichen Einfluß auf die französische Architektur aus. Seine Bauwerke auf vorgefertigten Modularelementen aus Beton entsprachen ganz den französischen Bautendenzen. Seine Ausstellungshalle in Turin von 1947–49, sein Palazzetto dello Sport in Rom von 1957 und sein Palazzo del Lavoro in Turin von 1961 fanden in Frankreich ungeteilten Beifall. So wurde Nervi aufgefordert, das segelförmige Dach für das bekannte Nationale Industrie- und Technologiezentrum in La Défense von 1955 *(67)* zu konstruieren und zusammen mit Marcel Breuer das Hauptquartier der UNESCO zu entwerfen. Auf großes Interesse stießen bei den französischen Architekten auch die an neuen Einfällen reichen Entwürfe von Matthew Nowicki für die Dorton Arena in Raleigh von 1948–53 und von Eero Saarinen für den TWA Terminal in New York von 1962, für den Dulles Airport in Chantilly, Virginia, von 1958–62 und die Yale Eishockeybahn in New Haven von 1958. Le Corbusiers Philips-Pavillion in Brüssel von 1958 ist in einem ähnlichen Geist gehalten.

Daß diese Produkte einer neuen strukturalistischen Sensibilität in einem Land, das sich seit dem Mittelalter für den Ingenieurbau begeistert hatte, auf Bewunderung stießen, war naheliegend. Offensichtlich standen zahlreichen französischen Architekten bei ihrem Werk und ihren Experimenten diese Möglichkeiten vor Augen. Am experimentierfreudigsten auf diesem Gebiet aber waren wohl Jean Prouvé und Stéphane du Château.

Ganz anders dagegen eine andere Gruppe von Architekten, die für die Entwicklung der Architektur in den sechziger Jahren eine beträchtliche Bedeutung erlangte: die Gruppe von Georges Candilis, Alexis Josic und Shadrach Woods, deren Werke die formalen, experimentellen Merkmale des High-Tech-Stils ihrer avantgardistischen Zeitgenossen vermissen läßt und doch für die sich wandelnden Ideale der Nachkriegsbauweise steht. Ironischerweise war keines der Mitglieder ein Franzose. Candilis war Grieche, Josic Jugoslawe und Woods Amerikaner. Candilis und Woods hatten kurze Zeit für Le Corbusier gearbeitet und an der berühmten Anti-Le-Corbusier-

72. Nina Schuch, Einstein-Schule, Ivry-sur-Seine, 1985

Zusammenkunft in Aix-en-Provence teilgenommen. Außerdem hatten sie die Auflösung des CIAM auf dem Kongreß von 1959 in Otterlo vorbereitet, auf dem sie Le Corbusiers Ideale von Grund auf ablehnten. Trotz ihrer Zusammenarbeit mit ihm entwickelten sie sich schließlich zu seinen Gegnern. Ihr Konzept war ganz im Geist der neuen Zeit gehalten: Sie propagierten den individuellen Ausdruck, funktionelle Flexibilität, ein reichhaltiges Vokabular von Bautypen, Berücksichtigung der regionalen Eigenarten und darauf abgestimmte einfache technische Lösungen. Ihre philosophischen Überlegungen gingen nicht von irgendwelchen hierarchischen Gesellschaftsstrukturen oder Planungskonzepten aus, sondern im Gegenteil von der Überzeugung, daß die modernen Städte und Gebäude durch ihre Aktivitäten definiert werden sollten und nicht durch die Suche nach irgendwelchen großartigen Idealen und abstrakten Baumustern. In Verfolgung dieser Strategien bauten sie ihre Entwürfe auf den in den sechziger Jahren besonders beliebten Konzepten: Megastruktur, Zelle und Flexibilität auf. In diesem Geist entwarfen sie mehrere große Projekte: 1956–61 Bagnols-sur-Cèze, 1961 Caen-Hérouville, 1961 Toulouse-Le-Mirail *(68)*, 1973 die Freie Universität in Berlin und 1962 die Ruhr-Universität in Bochum.

Neben dem Candilis, Josic, Woods-Team gab es in dieser Zeit noch verschiedene andere bekannte Architektengruppen in Frankreich. Darunter die vier Partner Jean Renaudie, Pierre Riboulet, Gerard Thurnauer und Jean-Louis Véret des sogenannten Atelier Montrouge, die einige höchst interessante Projekte wie das Feriendorf Château Volterra bei Cap Camarat, die Kinderbibliothek in Petit Clamar *(69)*, den Pariser Sitz der Electricité de France und viele Architekturstudien aufzuweisen haben. Oder das Atelier von Henri-Pierre Maillard und Paul Ducamp, deren Beitrag zum Entwurf von Sportstadien, Fertigwohnungen, Schulen und Jugendclubs weithin Anerkennung fand. Ebenfalls von Interesse ist das in Baumasse und Strukturierung vom Brutalismus beeinflußte Werk von Claude Parent und Paul Virilio, das gleichzeitig ein für die sechziger Jahre bezeichnendes lebhaftes Interesse an dynamischen räumlichen Lösungen verrät. All die Diagonalen und geneigten

73. Ricardo Bofill, Les Espaces d'Abraxas, Marne-la-Vallée, 1983

Flächen sind in vielerlei Hinsicht Vorläufer der heutigen „dekonstruktivistischen" Sensibilität. Der innovativste und originellste Vertreter der französischen Generation der sechziger Jahre aber war der 1982 früh verstorbene Jean Renaudie, der zusammen mit seiner Mitarbeiterin Nina Schuch eine Reihe sehr bedeutender Werke schuf: die Jeanne-Hachette und Casanova-Wohnkomplexe *(70)*, beide in Ivry-sur-Seine, oder die Wohnsiedlungen in Givors *(71)* bei Lyon und La Viltaneuse in Paris, Werke von einer unglaublich virtuosen Geometrie, was die Behandlung von Volumen, Masse, Raum und die zweckmäßige Anordnung angeht. Planungsziel war, ausgeprägt individuelle Lebensbedingungen zu schaffen, häusliche und außerhäusliche Tätigkeiten zu integrieren, vor allem aber ein kompaktes Bauprogramm aufzustellen, das unter der Bezeichnung „organische Integration" lief. Als engagierter Linker lehnte Renaudie freistehende Einzelgebäude ab, in denen er eine regelrechte Tragödie für die moderne Umwelt sah, und damit natürlich auch die marktorientierten Richtlinien in der Architektur samt allen damit verbundenen Konsequenzen. Seine Werke trugen ihm großes internationales Ansehen ein, und noch heute experimentieren viele Architekten in Fortführung seiner Ideen. So vollendete Nina Schuch erst vor kurzem die von ihr selbst entworfene Wohnsiedlung Voltaire in Ivry-sur-Seine, die Einstein-Volksschule *(72)*, gleichfalls in Ivry, und eine Gruppe von Häusern bei Grenoble.

Ende der sechziger Jahre faßte die französische Regierung den äußerst wichtigen Beschluß, mehrere Satellitenstädte um Paris zu erstellen. 1969 lief das neue Programm an, das bis 1973 den Bau von fünf neuen Zentren: Cergy-Pontoise, Saint-

74. Manolo Nuñez-Yanovsky, Les Arenas de Picasso, Marne-la-Vallée, 1984

75. Henri Ciriani, La Noiseraie, Marne-la-Vallée, 1979

76. Oliver Brenac und Xavier Gonzales, Les Résidences, 1986

77. Ricardo Bofill, Die grüne Sichel, Cergy-Saint-Christophe, 1983

Quentin-en-Yvelines, Evry, Melun-Sénart und Marne-la-Vallée, vorsah. Erforderlich gemacht hatte das Projekt v. a. das schnelle, chaotische Wachstum von Paris, das, wenn es nicht endlich unter Kontrolle gebracht werden konnte, die Innenstadt zu ersticken und praktisch gänzlich zu verstopfen drohte. Zur Entlastung der angespannten Wohnlage und Arbeitssituation in Paris sollten an den wichtigsten Fernstraßen Nebenzentren entstehen: zwei, Cergy-Pontoise und Saint-Quentin-en-Yvelines, an der Fernstraße Paris–Rouen, und drei, Marne-la-Vallée, Evry und Melun-Sénart, an der Fernstraße Paris–Nancy–Straßburg–Reims. Alle fünf Städte waren als eine Mischung aus Wohn-, Geschäfts- und Industrieanlagen geplant und sollten im Prinzip autonom sein, auch wenn viele ihrer Einwohner in Paris arbeiten.

Von Anfang an war man sich einig, daß die neuen Städte nach Vorstadtmuster geplant werden sollten – als Gartenstädte mit Anschluß für den Autoverkehr und andere Formen des Durchgangsverkehrs. Nach zwei Jahrzehnten negativer Erfahrung mit den Grands Ensembles wandten sich die Franzosen den Grundsätzen englischer Städteplanung zu. Das Ergebnis waren Städte von einem völlig anderen Charakter als die Grands Ensembles mit ihrer erdrückenden Präsenz der Architektur, den riesigen Solitärbauten und Blöcken. Vorrangig wurde eine architektonische Vielfalt angestrebt und auch weitgehend verwirklicht. Doch das machte diese Städte keineswegs schon automatisch zu Beispielen einer guten Stadtplanung. In ihrer endgültigen Form weisen sie allerlei ernstzunehmende Konzeptionsmängel auf wie eine schlecht koordinierte Raumaufteilung, eine wenig eindrucksvolle Architektur, keine klar definierten sozialen Milieus. Außerdem fehlt die eigentlich vorgesehene Anknüpfung an kulturelle und bauliche Traditionen. Letztlich präsentieren diese Städte das Bild einer Laissez-faire-Planung, die lediglich den Erfordernissen des Verkehrs Rechnung trägt.

Was Wunder, daß seit der Entstehung dieser Städte eine schrittweise Distanzierung von den zugrundegelegten Prinzipien und eine Hinwendung zu formal bestimmteren Planungserwägungen zu beobachten ist. Die Vorliebe der Postmoderne für eine formale Stadtplanung und ein monumentales Erscheinungsbild à la Beaux Arts ist nicht ohne signifi-

78. Christian de Portzamparc, Wohnsiedlung, Cergy-Saint-Christophe, 1983

79. Ricardo Bofill, Les Arcades du Lac, Saint-Quentin-en-Yvelines, 1974–80

80. Ascher, Holly, Brown-Scarda, Mikol und Soltareff, Stadterneuerungen, Place d'Italie, Paris, 1966

81. Eugéne Beaudouin und Raymond Lopez, Stadterneuerung, Montparnasse, Paris, 1964

kante Auswirkung auf die jüngste Entwicklung und Erweiterung dieser Städte geblieben. Durch ihre Kampagne für die Wiedereinführung traditioneller städtebaulicher Gedanken hat sie zur Verdichtung der zunächst allzu lockeren Raumstruktur positiv beigetragen. Wiewohl von begrenztem Umfang, haben postmoderne Wohnsiedlungen einen Eindruck von Geschlossenheit hereingebracht und in sonst pluralistischen, nicht näher bestimmten Gemeinwesen ein Bild kompakter Architektur entstehen lassen. So hat die Postmoderne durch Herausforderung der ererbten funktionalistischen Betrachtungsweise in den achtziger Jahren zu einer geradezu dramatischen Ausweitung architektonischer Tendenzen geführt.

Auf diese Art und Weise stellen die neuen Städte eine wahre Enzyklopädie der französischen Experimente mit den diversen Architekturkonzepten dar. Immerhin haben drei Generationen französischer Architekten, deren unterschiedliches Erbe sich in einer großen Vielfalt von Bauformen und -typen niederschlug, an ihrem Bau mitgewirkt.

In Marne-la-Vallée finden sich drei bedeutende Werke aus der Zeit, wo im öffentlichen Wohnungsbau der Monumentalismus bevorzugt wurde: Ricardo Bofills Les Espaces d'Abraxas (73) und Manolo Nuñez-Yanovskys Les Arenas de Picasso (74), zwei Beispiele für die Prachtentfaltung der Postmoderne, sowie Henri Cirianis La Noiseraie (75), eine Übung in Brutalismus. Außerdem interessieren unter verschiedenen anderen Wohnbauprojekten zwei Übungen in der „crescent"-Form: ein Halbkreis im postmodernen Idiom von Christian de Portzamparc, und ein anderer, eine Mischung aus Le Corbusier und klassischen Vokabeln, von Henri Ciriani. Und schließlich verdienen noch ehrgeizige Übungen in der Sprache des Stijl, Les Residences (76) von Oliver Brenac und Xavier Gonzales, Beachtung.

Das größtenteils als Stadtrandsiedlung entworfene, benachbarte Melun-Sénart, die am wenigsten ehrgeizige der fünf Städte, weist gleichwohl einige ausgezeichnete Wohnbauten auf, etwa Alain Sarfatis Savigny-le-Temple-Projekt.

In Evry wird das Stadtzentrum aus „Pyramiden" gebildet, die einen wesentlichen Teil des Plans von Michel Andrault und Pierre Parat ausmachen. Dieser Plan sieht eine Vielfalt von gemischten Wohn- und Geschäftshäusern vor. Hauptplanungs-

82. Bernard Zehrfuss, Robert Camelot und Jean de Mailly, Stadterneuerung, La Défense, Paris, 1965

83. Ricardo Bofill, Les Echelles du Baroque, Montparnasse, Paris, 1983

ziel war, entsprechend einem rational entwickelten geometrischen System eine Vielfalt funktionaler Bautypen zu schaffen. Das Ergebnis dieser Bestrebung waren einander durchdringende kubischen Massen, die ein System extensiver, als Terrassen angeordneter Flächen bilden.

Der urbane Komplex von Cergy-Pontoise läßt sich baugeschichtlich in zwei Sektoren aufteilen. Der ursprünglich zentrale Sektor der Stadt verkörpert das weiter oben erwähnte pluralistische, funktionelle „Durcheinander" ohne visuelle Koordination. Hier sind nur wenige Gebäude über ihr Zeugnis für eine bestimmte Periode hinaus von Interesse. Anders der Saint-Christophe-Distrikt, in dem sich eine Anzahl recht interessanter Projekte aus jüngster Zeit konzentrieren. Die von den Planern angestrebte räumliche und formale Koordination führte zu einer Zusammenfassung der Siedlungen zu Gruppen, die bis zu einem gewissen Grad visuell miteinander verbunden sind. Jede solche Insel wurde von einem anderen Architekten entworfen, was für reizvolle Kontraste in Vokabular und Maßstab sorgt. Den Mittelpunkt von Cergy-Saint-Christophe bilden die monumentalen Wohnkolonien von Ricardo Bofill *(77)* und Christian de Portzamparc *(78)*, zwei Beispiele für die erhabene klassische Form der Postmoderne. Im Gegensatz dazu zeichnen sich andere Inseln durch die vielfältigsten Einflüsse von Charles Moore bis zur Spät-Moderne aus.

Das wenige Kilometer von Versailles entfernte Saint-Quentin-en-Yvelines schließlich ist vornehmlich aufgrund von zwei Projekten wichtig: Ricardo Bofills monumentalem Wohnkomplex, bestehend aus Les Arcades du Lac *(79)* und Le Viaduct, und Kevon Roches Gesellschaftssitz der Bouygues-AG dem „Versailles fürs Volk" und der „Versailles-AG", wie der Volksmund die beiden Projekte aufgrund ihres Maßstabs und ihrer Herkunft zutreffend taufte. Beide verkörpern die monumentalen, axialen, symmetrischen Tendenzen der französischen Beaux-Arts-Tradition, wenn auch jeder Architekt seine eigene Form des Klassizismus hat und durch andere Materialien ausdrückt – Bofill durch Beton, Roche durch High-Tech-Baustoffe. Von diesen beiden ziemlich umstrittenen Schöpfungen abgesehen, ist die Stadt für eine Vielzahl ausgezeichneter Wohn- und Schulanlagen bekannt. Im übrigen muß man in Anbetracht der Schnelligkeit, mit der die fünf Städte hochgezogen wurden, alles in allem in sämtlichen Fällen von einem strategischen Erfolg sprechen.

Ein anderes wichtiges urbanes Phänomen, das dem Bau der neuen Städte vorausging, waren die Sanierungsversuche, zu denen die meisten größeren Städte, vornehmlich aber Paris, angesichts der Bevölkerungsexplosion zunächst einmal griffen. Verschiedene alte traditionelle Wohnbezirke wurden durch Wohnsiedlungen mit hoher Wohndichte, durchmischt mit Geschäften und kulturellen Einrichtungen, ersetzt. Dieser Erneuerungsprozeß wurde in großem Maßstab in Angriff genommen und mit großer Hast vorangetrieben – mit vielfach tragischen Folgen für Paris und andere kleinere Stadtzentren. Paris führte gleich mehrere dieser kritischen Operationen durch. Die Sanierung des 15. Arrondissements an der Seine beim Eiffelturm beispielsweise bescherte der Stadt eine Reihe schlecht entworfener Hochhäuser, häßliche Störelemente in der bis dahin kontinuierlichen Uferbebauung. An der Place d'Italie *(80)* wurden kompakte Blöcke abgerissen, um Platz für eine große Zahl hoher Türme und Hochhäuser zu schaffen. Im Zentrum der Innenstadt mußte der alte Bezirk Montparnasse umfänglichen kommerziellen Bauten und Bahnanlagen weichen, beherrscht von dem unrühmlichen fünfziggeschossigen Büroturm *(81)*, der größtenteils auf Entwürfe von Eugène Beaudouin und Raymond Lopez zurückgeht. In anderen Pariser Bezirken, vornehmlich im Norden der Stadt, führte die Stadterneuerung zur schrittweisen Zerstörung der alten festgefügten, kontinuierlich fortlaufenden Stadtviertel. Am bekanntesten wurden die Veränderungen in La Défense *(82)* mit den Vierteln Curbevoie und Puteaux sowie bei den Hallen, die der Renovierung des 1. Pariser Arrondissements zum Opfer fielen.

Ende der siebziger Jahre wurde das Problem des „Bauchs von Paris", wie der Bezirk um Baltards Les Halles einst genannt wurde, vor dem Hintergrund der durch die Sanierungsprojekte in Paris angerichteten Verheerungen heiß debattiert. 1979 berief der Bund französischer Architekten eine internationale Konferenz über die Verwendung des durch den Abbruch der

84. Antoine Grumbach, Wohnkomplex, Rue Jules Guesde, Paris, 1985

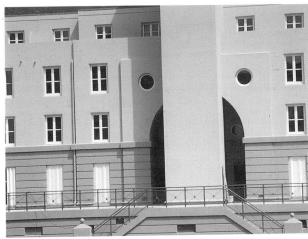
85. Fernando Montes, Wohnkomplex, Cergy-Pontoise, Paris, 1984

Hallen freigewordenen Raums ein, in der Hoffnung, dadurch die staatlichen und städtischen Behörden von der Notwendigkeit einer drastischen strategischen Änderung der städtebaulichen Maßnahmen überzeugen zu können.

Zum Zeitpunkt dieser Konferenz hatte der Einfluß der Postmoderne seinen Höhepunkt erreicht. Als maßgeblich galten die theoretischen Werke von Colin Rowe, Leon und Rob Krier, Marice Culot, Antoine Grumbach, Aldo Rossi und Bernard Huet, die vornehmlich den Kontext betonten und Collage, städtische Zersplitterung und die Gegenüberstellung verschiedener urbaner Morphologien empfehlen. Als Vorbild für die moderne Stadt schwebte ihnen in erster Linie die historisch gewachsene Planungsvielfalt Roms vor. Kein Wunder, daß bei solchen Tendenzen Steven Peterson aus New York mit seinem Vorschlag im römischen Collage-Stil den Wettbewerb gewann. Mit Hilfe einer auf der Morphologie des Bauplatzes und der benachbarten Gebäude fußende Collagetechnik erzielt sein Entwurf eine dichte malerische Kombination mittelalterlicher und klassischer Formen. Für die traditionellen französischen Vorstellungen von der Gestaltung urbaner Räume oder moderner Funktionalität ist in diesem Projekt allerdings wenig Raum. Mit einem Wort, der Nachfahre der Hallen war gänzlich akademisch, und keiner der Vorschläge wurde ausgeführt. Anstelle der hervorragenden, einst beispielhaft modernen Strukturen Baltards wurde ein hybrider, unzusammenhängender (aber kommerziell erfolgreicher) Komplex gebaut. Das einzig Gute an dieser Art städtischer Erneuerung war, daß die Empörung und Kritik der Öffentlichkeit der Bepflasterung historischer Zentren Frankreichs mit Hochhäusern von hoher Wohndichte schließlich ein Ende bereitete. Umfangreichere Bautätigkeiten wurden hinfort auf einen sichereren Boden verlegt – in die neuen Städte.

Die siebziger Jahre brachten dann erneut eine radikale Veränderung in der Weiterentwicklung der modernen französischen Architektur. Obwohl Frankreich im Gegensatz zu den Vereinigten Staaten nie in einen nachahmenden Eklektizismus verfiel, hat sich die Postmoderne wohl doch auch hier bremsend auf die Entfaltung der modernen Architektur ausgewirkt.

86. Stanislaw Fischer, Archiv, Le Marais, Paris, 1988

Letztlich war die Postmoderne als Bewegung in beiden Ländern mit den wirtschaftlichen, politischen und kulturellen Krisen der siebziger Jahre verknüpft. Sie war eine poetisch romantische Reaktion gegen pragmatische Planungstendenzen, ein Protest gegen die historische Entwurzelung der Architektur, ihre Ablösung von den kulturellen Wurzeln des Westens und ihren Mangel an erklärten geistigen Prinzipien. Darüber hinaus jedoch hatten die französische und die amerikanische Postmoderne wenig gemein. In Amerika ging sie Hand in Hand mit einem eklektischen Manierismus, oberflächlichen historischen Collagen, einer Suche nach pluralistischer Aufsplitterung und Kontrastierung und unverhohlener historischer Imitation. In Frankreich dagegen bezog sich die Bewegung mehr auf nationalhistorische Tendenzen, d.h. auf die großen klassischen Prinzipien wie intergrierte Planung, stilistische Monumentalität und die Sprache der Architekturtradition. Dementsprechend brachte die auf das Vermächtnis der Beaux Arts zurückgreifende Bewegung in Frankreich ganz andere Resultate hervor als ihr Pendant in Amerika. Im Vergleich zu den

87. Henri Gaudin, Collège Tandou, Paris, 1986

88. Henri Gaudin, Wohnbau, Arceuil, 1987

89. Christian de Portzamparc, Hautes-Formes-Appartements, Paris, 1980

90. Christian de Portzamparc, Tanzschule, Nanterre, 1988

amerikanischen Tendenzen, könnte man sagen, hat die historische Sprache der französischen Postmoderne einen deutlich modernen Akzent.

Als ihr vollendetster Vertreter darf wohl der Katalane Ricardo Bofill gelten. In seinen großräumig angelegten öffentlichen Wohnsiedlungen beschwört er die großartigen, monumentalen, symmetrisch angeordneten theatralischen Kompositionen, die er von den Beaux-Art-Traditionen der französischen Vergangenheit bewahrt wissen möchte. Damit liefert er unbestreitbar einen bedeutenden Beitrag zu einer zusammenhängenden Stadtplanung, der sich von den funktionalistischen Laissez-faire-Entwürfen der neuen Städte positiv abhebt. Mit seinem Palacio d'Abraxas in Marne-la-Vallée, seinen Arcades du Lac in Saint-Quentin-en-Yvelines und seinen Wohnbauten in Montpellier errang er früh Erfolg. Seinen späteren Projekten in Cergy-Pontoise und Montparnasse *(83)* fehlt allerdings jene ursprüngliche Vitalität. Sie wiederholen das visuelle Vokabular allzu routinemäßig.

Obwohl die französische Postmoderne hauptsächlich durch Bofills Werk bekannt wurde, hat sie noch eine ganze Anzahl anderer Leistungen und dazu eine Sammlung theoretischer Reflexionen und Regeln von einigen akademisch angehauchten Architekten hervorgebracht. Hierher gehören Bernard Huet, Antoine Grumbach und Fernando Montes. Die städtebaulichen Qualitäten ihrer Bemühungen gehen direkt auf die formale Tradition der Ecole des Beaux Arts zurück. Einen ausgezeichneten Eindruck von den städtebaulichen und stilistischen Zielen dieser Architekten vermitteln Bernard Huets Stadtpark um Ledoux' berühmte Barrière de la Villette sowie sein Projekt für einen Park am Quai Bercy. Antoine Grumbach, der zunächst durch theoretische Untersuchungen und Schriften über die Stadtplanung auf sich aufmerksam machte, schuf drei bekannte Projekte – eine gemischte Wohnanlage am Quai de Jemmapes in Paris, einen Wohnkomplex in der Rue Jules Guesde in Paris *(84)* und das Rathaus von Poitiers. In allen drei Fällen nahm er mit den wesentlichen Elementen seines Entwurfs auf die jeweilige städtische Umgebung Bezug. Und Fernando Montes wurde vornehmlich durch seine monumentale Wohnsiedlung in Cergy-Pontoise *(85)* bekannt.

Ein Architekt der französischen Postmoderne steht der amerikanischen Haltung näher als die meisten anderen: Stanislaw Fischer, der das Stadtarchiv im Pariser Marais-Viertel *(86)* entwarf und ausführte. Inmitten bedeutender historischer Strukturen gelegen, demonstriert dieser Bau eindeutig, was

91. Renzo Piano und Richard Rogers, Centre Pompidou, Paris, 1974

92. Renzo Piano und Richard Rogers, Centre Pompidou, Paris, 1974

eine formale Collage in der Baukunst sein sollte – eine Kollektion von Einflüssen aus verschiedenen Quellen, ob sich diese nun aus der Geschichte, bestimmten Stilrichtungen oder dem Kontext speisen. Fischers Umgang mit diversen Einflüssen zeugt von ungewöhnlicher Raffinesse. Ansonsten aber ist diese Richtung im jüngsten französischen Architekturpanorama äußerst selten vertreten.

Daneben verdienen noch zwei außergewöhnlich begabte Architekten Erwähnung, die, obwohl ihr Werk keine historisierenden Züge aufweist, doch, vornehmlich aufgrund ihrer städtebaulichen Auffassung, der Postmoderne zuzurechnen sind. Gleichzeitig aber ragen sie aufgrund ihrer starken Persönlichkeit über den postmodernen Durchschnitt hinaus: Henri Gaudin und Christian de Portzamparc. Gaudin, der von den mittelalterlichen Formen des Städtebaus, deren Einzigartigkeit und Komplexität einerseits und deren Zusammenhalt und Einheitlichkeit andererseits, zutiefst beeindruckt ist, liegt v. a. die Qualität der urbanen Räume am Herzen. Diese „leeren Räume" oder Freiflächen sind in seinen Augen ausschlaggebend für jedwede Entfaltung geselligen und kulturellen Lebens in der Stadt und müssen somit die Hauptbausteine einer jeden Stadtstruktur sein. Verglichen damit ist die Baumasse selbst lediglich von zweitrangiger Bedeutung. Bezeichnenderweise beginnt für Gaudin die Geschichte der Architektur nicht, wie es die herkömmliche Meinung will, mit einem isolierten, freistehenden, primitiven Bau, sondern mit zwei einfachen Häusern und einem Raum dazwischen. Er betrachtet gut geplante räumliche Beziehungen zwischen urbanen Objekten als unabdingbare Voraussetzung für eine ausgewogene, harmonische, integrierte städtische Umwelt. Seine Entwürfe sind aus dem physischen Kontext „herausgeschnitten" oder abgeleitet. Man könnte ihn einen Städtebauer in der Tradition von Camillo Sitte nennen, also als Architekten charakterisieren, der von der Notwendigkeit, die Gesamtplanung über den Einzelentwurf zu stellen, zutiefst überzeugt ist. Kurzum, Gaudin versteht es meisterlich, seine Entwürfe auf den Kontext zu beziehen. Zu seinen bemerkenswerten Werken gehören das Collège Tandou in Paris *(87)*, ein Appartementkomplex in Arceuil bei Paris *(88)*, Wohnsiedlungen in Evry, ein Anbau an das Rodin-Museum in Paris und ein Anbau an das Rathaus von St-Denis aus jüngster Zeit.

Christian de Portzamparc ist v. a. wegen der raffinierten plastischen und poetischen Qualitäten seiner Entwürfe, die viele Beispiele für den Wohnungsbau und andere öffentliche Bauten einschließen, bekannt geworden. Zu den bekanntesten gehören der im Zusammenhang mit den frühen postmodernen Experimenten in der Stadtplanung entstandene Appartementkomplex der Hautes Formes in Paris *(89)*; Wohnsiedlungen in Marne-la-Vallée und Cergy-Pontoise, die hochentwickelte Bautypologien mit einbeziehen; und zwei Kunstzentren, die Tanzschule in Nanterre *(90)* und das Musikzentrum in La Villette, sein bis jetzt wohl komplexestes und vollendetstes Projekt, ein sogenanntes „Präsidentenprojekt". Auch Portzamparc ist ein Meister in der Einpassung seiner Bauten in den urbanen Kontext, wobei ihm sorgfältig durchdachte, immer wieder überprüfte räumliche Erwägungen ebenso wichtig sind wie formale.

Trotz all der vielen illustren Bauwerke aber kommt dieser kurze Überblick zu dem Schluß, daß das Vermächtnis der postmodernen Phase der französischen Architektur alles in allem nur eine Episode und – in Anbetracht des fortgesetzten Interesses der französischen Architekten der Nachkriegszeit für technologische Innovationen, das heißt mit anderen Worten für die Moderne – sogar einen Rückschritt darstellt. Als einen der unglücklichsten Züge des postmodernen Design in Frankreich darf man das Festhalten an historisch abgeleiteten Formen betrachten, da es letztlich auch ein Festhalten an einer mit Betonfertigteilen arbeitenden Bautechnologie bedingte. Und eben dieser Blickwinkel macht offenbar, in welchem Ausmaß die Postmoderne als Antwort auf den sich rapid verändernden Bereich der modernen Bautechnologie versagte.

93. Michel Andrault und Pierre Parat, Havas-Agentur, Paris, 1973

94. Adrien Fainsilber, Centre des Sciences et de l'Industrie, La Villette, Paris, 1979

Die technologische Revolution

„Oberster Grundsatz einer Ästhetik der Architektur sollte die Bestimmung der wesentlichen Form eines Bauwerks durch seine Anpassung an seine Funktion sein."   Gustave Eiffel

Die Entwicklung der modernen Architektur ging Hand in Hand mit der Erfindung neuer Baustoffe und neuer Konstruktionssysteme, oder anders gesagt, wäre ohne den Aufschwung der Technik undenkbar. Zwar spielten strukturelle und funktionelle Gesichtspunkte in der Geschichte des architektonischen Entwurfs seit jeher eine Rolle – und somit hält sich auch die Moderne im Rahmen der Tradition –, gegen Ende des 19. Jahrhunderts aber schoben sie sich mit Nachdruck in den Vordergrund. Und zwischen den dramatischen Änderungen der Architektur im Gefolge der ersten Industriellen Revolution und der gegenwärtigen Phase architektonischer Kreativität existiert eine unübersehbare Parallele.

In der Tat begann sich die Architektur in den achtziger Jahren zusehends für hochentwickelte Konstruktionsmethoden und Baustoffe zu interessieren. Neue Bauaufgaben erforderten wirtschaftliche, leichte, natürlich belichtete, flexible, zugängliche und transparente Konstruktionen, also den Bautyp, den wir gewöhnlich mit den Bedürfnissen der Industrie assoziieren. Forschungen auf dem Gebiet der Leichtmetallbauweise trugen dazu bei, das Interesse an der Verwendung von Glas wiederzuerwecken, das seinerseits zur Erforschungen der Möglichkeiten natürlicher Belichtung und Ernergieeinsparung führte. Neuerungen auf dem Gebiet der Metall- und Kunststoffkonstruktion, der Verbindungskonstruktionen und der Abdichtung ermöglichten den französischen Architekten Entwürfe im Stromlinienstil. Immer häufer experimentierten ausgeklügelte architektonische Studien mit neuen Verbindungen und Stützen, so daß sich der Vergleich mit den Ingenieuren des 19. Jahrhunderts und ihrem Eifer, die Voraussetzungen der Gußeisenkonstruktion zu erforschen, förmlich aufdrängt. Eine neue ästhetische Sprache mit unübersehbaren Anleihen bei ihren industriellen Vorläufern bildete sich heraus: Glas, Aluminium, Verbundtafeln, Fachwerke, Kabelsysteme, Raumfachwerke, Flugzeugtragflächen, freiliegenden Betriebseinrichtungen und helle Farben wurden zu Schlagwörtern in der Baukunst. Leichte, flexible und zerlegbare Materialien verdrängten mehr und mehr den schweren Eisenbeton, bis dahin Baustoff Nummer eins in Frankreich, was jedoch nicht heißen soll, daß nicht auch auf diesem Gebiet bedeutende Fortschritte erzielt wurden. In der Tat sind Betonbauten mittlerweile durch verschiedene qualitative Veränderungen präziser und ästhetisch ansprechender geworden. Dennoch stehen die achtziger Jahre in erster Linie für eine Erkundung industrieller, hochtechnologischer und konstruktivistischer Möglichkeiten. Und diese Entwicklung kündigt eine ideologische Trendwende an – die Ablehnung der formalen, auf historische Bausubstanz bezogenen Entwürfe der Postmoderne samt ihrer Vorliebe fürs Monumentale.

In den siebziger Jahren übte vor allem ein Entwurf einen richtungweisenden Einfluß auf die gegenwärtige Generation französischer Architekten aus: das im Auftrag des französischen Präsidenten vom italienisch-englischen Team Renzo Piano und Richard Rogers entworfene, 1975 fertiggestellte Centre Pompidou oder Beaubourg in Paris *(91, 92)*, Symbol der großzügigen Schirmherrschaft der französischen Regierung – eine architektonische Vision des 20. Jahrhunderts, ein ideenreiches Experiment architektonischen Expressionismus', eine „Kulturmaschine", die mit Hilfe hochentwickelter Technologie durch ihre futuristischen Ambitionen alle früheren Nachkriegsprojekte in den Schatten stellte. Ähnlich einflußreich wie Sir Joseph Paxtons Londoner Kristallpalast von 1851, gab diese geglückte Demonstration einfallsreicher, phantasievoller Anwendung fortschrittlicher Technologie der Weiterentwicklung der französischen Architektur entscheidende Anstöße. Zwar war in Großbritannien die Woge der High-Tech-Designs zu diesem Zeitpunkt bereits angelaufen, in Frankreich dagegen war es dem Centre Pompidou vorbehalten, technologische Experimente auf diesem Gebiet in Gang zu bringen. Erwähnenswert in diesem Zusammenhang sind die Caisse d'Allocations Familiales in Paris von Raymond Lopez, die Büros der Air France im Flughafen Orly von 1960 und die Bibliothek der Universität Nanterre von 1969 sowie die Havas-Agentur in Paris *(93)* von 1973 von Michel Andrault und Pierre Parat.

95. Johan Otto von Spreckelsen, La Grande Arche, La Défense, Paris, 1983

96. Johan Otto von Spreckelsen, La Grande Arche, La Défense, Paris, 1983

Denn wenn die französischen Experimente auch nicht denselben Grad an Originalität und Berühmtheit erreichten wie ihr Vorbild, so betonten sie doch ein dauerhaftes, entschiedenes Interesse an den Fortschritten der Technik und an ihrer Einbeziehung ins Design.

Seit Beendigung des Zweiten Weltkriegs haben sich die französischen Architekten ständig mit dem Bereich der Technologie auseinandergesetzt, um sich Denkanstöße für neue Architekturkonzepte zu holen. Beispielsweise besann sich die französische Architektur der sechziger Jahren, in denen das politische und wirtschaftliche Gewicht des Landes in der westlichen Welt beträchtlich stieg, mit wachsendem Interesse wieder auf strukturalistische Theorien. Bezeichnend dafür zwei wichtige Bücher von Michael Ragon: *Ou Vivrons-Nous Demain?* von 1963 und *La Cité de l'An 2000* von 1968. Beide Werke beschäftigen sich mit futuristischen Technologien, futuristischen Städten und einer Architektur, die den Bedürfnissen einer zunehmenden Bevölkerung und der Abnahme der natürlichen Ressourcen Rechnung trägt. Allgemeine theoretische Überlegungen dieser Art waren in einem Volk, das seit der Zeit der gotischen Kathedralen Größe suchte und nun kurz vor der Verwirklichung der Concorde, der Mirage, des aufwendigsten Kernenergieprogramms der Welt und von Hochgeschwindigkeitszügen stand, nicht außergewöhnlich.

Das Centre Pompidou schien die Erfüllung von Frankreichs technologischer Bestimmung schlechthin. Wie beliebt und einflußreich es war, zeigt eine bei neunundneunzig französischen Architekten durchgeführte Umfrage, deren Ergebnisse die französische Architekturzeitschrift *AMC* im April 1986 veröffentlichte. Auf die Frage nach den drei bedeutendsten französischen und internationalen Bauwerken seit 1950 antworteten die meisten: das Centre Pompidou, und bei der Frage nach den drei bedeutendsten französischen und internationalen Architekten nannten die meisten die Schöpfer des Zentrums, Piano und Rogers, an zweiter Stelle nach Le Corbusier. Daß auf der internationalen Liste Modernisten wie James Stirling, Norman Foster und Richard Meier sehr weit oben rangierten, ist ebenfalls äußerst aufschlußreich für den gegenwärtigen Trend und erklärt den modernistischen Einschlag in den zeitgenössischen Architekturkonzepten. Das triumphale Abschneiden von Pianos und Rogers' wegweisendem Entwurf aber beweist, wie sehr rationalistische und konstruktivistische Themen in den Mittelpunkt der französischen Architekturkonzepte der siebziger und achtziger Jahre gerückt sind. In der Tat ließe sich die Frage nach dem Hauptmerkmal der modernen französischen Architekturvorstellung trotz all der vielen vorhandenen Alternativen leicht beantworten – französische Designer haben stets eine Tendenz zu einem universalen, rationalen, unter allen Umständen anwendbaren Planungssystem an den Tag gelegt. Diese im späten 18. Jahrhundert aufkommende Tendenz läßt sich auch im modernen französischen Entwurf von Anfang an verfolgen. Von Perret, Garnier, Mallet-Stevens, Le Corbusier, Lurçat bis zu den gemäßigten Beaux-Arts-„Modernisten", den Planern und Architekten der Grands Ensembles, den strukturalistischen Architekten der sechziger Jahre, den postmodernen Historisten und der High-Tech-„Avantgarde" der achtziger Jahre ist allen eins gemein – die Vorliebe für die Methode, für rational durchdachte Konzepte und Vokabularien, kurzum ein kartesianischer Glaube an Klarheit und begriffliche Definition.

Das Centre Pompidou flößte den von technologisch inspirierten Bauwerken träumenden Architekten neues Zutrauen ein, indem es einen Weg zur Verwirklichung ihrer Träume wies. Im Anschluß an seine Erstellung tauchten neue Ideen und Projekte auf. Zum Beispiel regte es den Entwurf zweier Bauwerke von höchster Bedeutung an – von François Deslaugiers Regionalem Informationszentrum in Nemours von 1975 und Adrien Fainsilbers Zentrum für Wissenschaft und Industrie in La Villette, Paris, *(94)* von 1981–86. Und diese drei Gebäude legten den Grundstock zu einer wahren Woge von High-Tech-Entwürfen in den achtziger Jahren.

97. I. M. Pei, Projekt, La Défense, 1972

98. Emile Aillaud, Projekt, La Défense, 1973

Auf dem Weg in die Supermoderne

„Schönheit erregt Neugierde, da sie einem Bedürfnis des Herzens und des Geistes entspricht. Sie lehrt und stimuliert uns zugleich. Mein Wunsch ist, daß uns die großen Projekte helfen, unsere Wurzeln und unsere Geschichte zu verstehen; daß sie uns ermöglichen, die Zukunft vorherzusehen und zu erobern."
François Mitterrand

Um den Geist der französischen Architektur der achtziger Jahre zu verstehen, muß man sich mit den sogenannten „Präsidentenprojekten" in Paris vertraut machen. Unter der Präsidentschaft Valéry Giscard d'Estaings begonnen, wurden sie vom „Präsidenten-Bauherrn", wie François Mitterrand oft genannt wird, bis heute fortgeführt. Sie stehen in einer langen Tradition kultureller Schirmherrschaft, die die französische Regierung in der Renaissance übernommen und in der Monarchie, im Kaiserreich und in der Republik hochgehalten hat. Das von Präsident Mitterrand 1982 vorgelegte Bauprogramm entsprang dem Wunsch, eine Reihe bedeutender öffentlicher Bauten in Paris als Basis für eine Neubelebung und Verflechtung von Kultur und Gesellschaft zu schaffen und damit gleichzeitig die französische Architektur zu neuen visionären, schöpferischen Anstrengungen anzuspornen. In der Tat gaben die Präsidentenprojekte durch eine Reihe internationaler und nationaler Wettbewerbe den Anstoß zu höchst neuartigen architektonischen und technologischen Lösungen, die die gegenwärtige Entwicklung und Orientierung der französischen Architektur spürbar beeinflußten.

Die wichtigsten Bauten dieses Programms sind: la Grande Arche von La Défense, le Grand Louvre, das Musée d'Orsay, das Institut der Arabischen Welt, die Opéra de la Bastille, das Finanzministerium, die Cité des Sciences et de l'Industrie in La

99. I. M. Pei, Le Grand Louvre, Paris, 1989

100. Bardon, Colbox, Phillipon und Aulenti, Musée d'Orsay, Paris, 1988

Villette, der Park von La Villette, das Musikzentrum in La Villette und das in jüngster Zeit vorgelegte Projekt für die „Große Bibliothek". Das Abkommen vom 9. März 1982 zwischen Präsident Mitterrand und Jacques Chirac, dem Bürgermeister der Stadt Paris, hatte ursprünglich noch weitere Projekte vorgesehen, die jedoch aus verschiedenen Gründen größtenteils wieder fallengelassen wurden.

Binnen kurzem lösten die Pariser Projekte auch in anderen französischen Städten wie Montpellier, Nîmes, Lille und Lyon ähnliche Unternehmungen zur Stimulierung des lokalen städtischen Wachstums, des Geschäftslebens und Kulturbetriebs aus. Wie seit eh und je bereiteten die ehrgeizigen Pariser Unternehmungen den Boden für eine ähnliche Entwicklung in den französischen Provinzen.

Das augenfälligste Pariser Präsidentenprojekt ist wohl die Grande Arche von La Défense (95, 96), das Ergebnis eines 1982 von Präsident Mitterrand ausgeschriebenen internationalen Wettbewerbs. Der preisgekrönte Entwurf des dänischen Architekten Johan Otto von Spreckelsen ist übrigens nur der Endpunkt in einer langen Reihe von Wettbewerben, durch die seit 1932 eine Lösung für die Fortführung oder den Abschluß der berühmtesten Stadtachse der Welt vom Louvre über den Arc de Triomphe bis hinaus ins moderne La Défense gesucht wurde. Als Standort war das Westend von La Défense, eines von Bernard Zehrfuss in den fünfziger Jahren entworfenen, von Bürotürmen starrenden Hochhausviertels, vorgesehen. Ziel der Erschließung war gewesen, den Bau von Geschäftsgebäuden auf einer riesigen künstlichen Plattform anzukurbeln, unter der zahlreiche Verkehrsbetriebe untergebracht waren. Da der Plan jedoch gegen die strenge Ordnung und Geometrisierung der seit der Ville Radieuse eingeführten Städteplanung verstieß und statt dessen den kapitalistischen Kräften bei der Aufteilung des Raums freie Hand ließ, war schon bald heftige Kritik laut geworden. Die fehlende Ordnung, die übermäßige Höhe (die die Pariser Silhouette dramatisch veränderte) und das allgemeine architektonische Mittelmaß mißfielen der Öffentlichkeit. Vom ersten Wettbewerb an hatten sich zwei Tendenzen deutlich abgezeichnet: die Achse an diesem Punkt

101. Paul Chemetov und Borja Huidobro, Finanzministerium, Paris, 1989

sichtbar zu beenden, beziehungsweise ins Unendliche fortzuführen. I. M. Pei z. B. hatte 1972 zwei Bürotürme vorgeschlagen, die eine V-förmige Öffnung, eine Art Triumphtor (97), bilden sollten. Diese Lösung hätte eine Fortführung der Achse bis in alle Ewigkeit erlaubt. Zur selben Zeit hatte sich Emile Aillaud bei seinem Entwurf für die umgekehrte Lösung entschieden und den Abschluß der Achse durch zwei spiegelnde, durch den Solargenerator im Odeillo Tal in den Pyrenäen inspirierte, konkave Bürogebäude (98) propagiert. 1973 änderte er seinen Vorschlag dann jedoch ab und zog die beiden Spiegel-Gebäude zu einem einzigen Bau zusammen. Und dieser Entwurf wäre auch um ein Haar verwirklicht worden, wäre nicht 1980 unter der Schirmherrschaft von Präsident Giscard d'Estaing ein neuer Wettbewerb ausgeschrieben worden, auf den viele postmoderne Vorschläge mit monumentalen Abschlüssen für die Achse, formalen Symmetrien, Höfen und Arkaden eingingen. 1981, vier Monate vor den Präsidentschaftswahlen (die er an François Mitterrand verlor), entschied sich Präsident Giscard d'Estaing für ein anderes Spiegelprojekt des

102. Carlos Ott, Opéra de la Bastille, Paris, 1989

103. Christian de Portzamparc, Musikzentrum, La Villette, Paris, 1989

Architekten Jean Willerval mit einer Reihe niedriger Gebäude, die so angeordnet waren, daß sich in ihren Spiegelflächen die Achse fortzusetzen schien. Aufgrund des Regierungswechsels jedoch wurde auch aus diesem Plan nichts.

Der Preisträger des letzten, 1982 ausgeschriebenen internationalen Wettbewerbs war Johan Otto von Spreckelsen, dessen Grande Arche schließlich auch ausgeführt wurde. Der riesige offene Kubus, oder, wie er auch oft bezeichnet wird, „das Fenster der Welt", erfüllt zwei Funktionen: Er schließt die Achse allein schon durch sein schieres Volumen ab und führt sie durch die weite Öffnung doch auch gleichzeitig fort. Dieser riesige, 105 mal 105 m große Würfel erhebt sich über einem komplexen unterirdischen Verkehrsnetz auf einer von zwölf gewaltigen Säulen getragenen kühnen, dreidimensionalen Megastruktur. In der zentralen Öffnung der Grande Arche schwebt eine High-Tech-„Wolke", ein Plexiglasbaldachin. Außerdem findet sich hier ein freistehender Aufzugschacht, in dem die Besucher zu den Ausstellungsräumen und Aussichtsplattformen auf dem Dach befördert werden. Mit diesem Bau ist in Frankreich, ähnlich wie mit dem Centre Pompidou, ein wahrhaft originelles und einzigartiges Bauwerk entstanden.

Das zweite und wichtigste der Präsidentenprojekte, die Erweiterung des Grand Louvre (99), wurde von dem u. a. durch seinen modernen Flügel der National Gallery of Art in Washington, D.C., bekannt gewordenen New Yorker Architekten I. M. Pei ausgeführt. Dieses Projekt mußte in zwei großen Abschnitten abgewickelt werden. Erst mußte das Finanzministerium aus dem Louvre in ein neues Gebäude am Quai de Bercy umziehen, und danach der gesamte Komplex für künstlerische Zwecke umgebaut werden. Das bedeutete den Bau eines neuen Haupteingangs, neuer Galerien, Büros, Forschungsanlagen sowie neuer Empfangsbereiche unter dem großen Platz vor dem Museum. Dieser letzte von der heute berühmten Glaspyramide überdachte Teil war heiß umstritten. Zum einen wegen einer solch ultramodernen Konstruktion inmitten eines altehrwürdigen historischen Denkmals und zum andern wegen des „Verbundcharakters" der neue Räume darunter. Trotz der anfänglichen Kritik hat der Entwurf dem

104. Bernard Tschumi, Parc de la Villette, Paris, 1989

Louvre neue Brillanz verliehen, indem er den alten Palast im Geist der Moderne in neuer Frische wiedererstehen ließ.

Das Musée d'Orsay ist ein ausgezeichnetes Beispiel für die neue Nutzung alter Bauten und die Erfindung eines neuen Museumstypus (100). Fünfzehn Jahre zuvor war der Bahnhof Gare d'Orsay samt Hotel für abbruchsreif erklärt worden. Davor schon hatte Le Corbusier den Beaux-Arts-Komplex durch einen modernen Wolkenkratzer ersetzen wollen. 1978 jedoch stellte ihn Präsident Giscard d'Estaing, wohl nicht zuletzt, weil der Abbruch von Baltards Hallen in der Öffentlichkeit heftige Kritik ausgelöst hatte, unter Denkmalschutz und legte Pläne für seine Umwidmung in ein Museum für die Kunst des 19. Jahrhunderts vor. Durchgeführt wurde der Umbau von den Architekten Renaud Bardon, Pierre Colboc und Jean-Paul Phillippon. Die Ausgestaltung des Inneren übernahm die italienische Architektin Gae Aulenti.

Das Ergebnis wurde unter ästhetischen Gesichtspunkten heftig angefochten. Die Kombination der industriellen Eleganz eines Bahnhofs aus dem 19. Jahrhundert mit der reichlich

105. Jean Nouvel und Architecture Studio, Institut der Arabischen Welt, Paris, 1988

106. Dominique Perrault, Bibliothèque de France (preisgekrönter Wettbewerbsentwurf), Paris, 1989

schweren postmodernen Ornamentik im Inneren gilt als leicht fragwürdig. Mehr ins Gewicht jedoch fällt das Argument, daß die reiche Innenausstattung des Museums mit den Exponaten rivalisiere. Nichtsdestotrotz erweist sich das Museum am Ufer der Seine als äußerst zugkräftiger Anziehungspunkt, der nach wie vor stattliche Besucherzahlen anlockt.

Die beabsichtigte Verlegung des Finanzministeriums an den Quai de Bercy gab den Anstoß zu einer allgemeinen Sanierung des Bezirks (101). Geplant sind außerdem ein Sportzentrum, ein öffentlicher Park und ein großer Wohnkomplex. Den ersten Preis bei dem nationalen Wettbewerb erhielt das angesehene Architektenteam Paul Chemetov und Borja Huidobro für einen in Technik und Komposition raffinierten Bau, der an eine Riesenbrücke oder an einen gigantischen, auf die Seine zulaufenden Aquädukt erinnert.

Auf den 1983 veranstalteten Wettbewerb für die Opéra de la Bastille gingen 750 Entwürfe ein. Auf dem Programm stand ein neues Opernhaus für Paris, das bühnentechnisch und akustisch mit modernster Technologie ausgestattet werden sollte. Außerdem sollte der Bau passend zu seinem Standort, der Place de la Bastille, dem volkstümlichen Herzen von Paris, einen Geist der Offenheit und Teilhabe ausströmen und der Öffentlichkeit weitgehend zugänglich sein.

Sechs Projekte wurden von der Jury ausgewählt und Präsident Mitterrand vorgelegt. Den Zuschlag erhielt der Entwurf des kanadischen Architekten Carlos Ott wegen seines urbanen Charakters und der geglückten Ausfüllung des schwierigen, engen, unregelmäßigen Baugeländes (102). Der fertige Bau, eine verwirrende Mischung aus postmodernen volumetrischen Klischees und Hig-Tech-Expressionismus, wurde allerdings, zu Recht, viel kritisiert. Letztendlich fehlen ihm markante oder originelle Züge, die ein Gebäude von so hoher kultureller Bedeutung doch besitzen sollte.

Das ausgefallenste Präsidentenprojekt aber ist wohl der in seiner Art ganz und gar einzigartige weiträumige Komplex von La Villette, bestehend aus dem Zentrum für Wissenschaft und Industrie von Adrien Fainsilber, dem Musikzentrum von Christian de Portzamparc und dem Park von La Villette von Bernard Tschumi. Durch Einbindung dieser ehrgeizigen Programme und Konstruktionen soll hier ein ganzer Stadtbezirk saniert werden. Den Anstoß dazu gab 1979 Präsident Giscard d'Estaing mit dem Vorschlag, die nicht vollendete Auktionshalle des Viehmarkts von La Villette in ein Nationalmuseum für Wissenschaft und Industrie umzuwandeln. Unter den Händen seines Architekten geriet das Projekt zu einer High-Tech-Tour-de-force, die es mit dem Centre Pompidou aufnehmen kann. Mit Hilfe des Einsatzes der Hochtechnologie gelang es bei dem neuen Museum die vorhandene Struktur auf brillante Weise einzubeziehen. So machte sich die französische Bauindustrie diese außergewöhnliche Gelegenheit für Experimente zunutze, die die französiche Architektur auf dem Weg vom Eisenbeton zu Metall, Kunststoff und High-Tech einen ganz entscheidenden Schritt voranbringen sollten.

1982 beschloß Präsident Mitterrand das Villette-Projekt auszuweiten und diesen heruntergekommenen Pariser Industriebezirk durch eine umfassende programmatische und urbanistische Planung zu sanieren. Ein nationaler Wettbewerb für ein neues Musikzentrum wurde ausgeschrieben und der Entwurf des bekannten Architekten Christian de Portzamparc ausgewählt. Das Zentrum war als Mehrzweckanlage gedacht, die das Staatliche Konservatorium, einen Konzertsaal, ein Museum für Musikinstrumente, das Institut für Musikalische Ausbildung und Studentenunterkünfte umfassen sollte (103). Mit ihren dynamischen Linien und Volumen und mit ihren dramatischen Wechselwirkungen zwischen Voll und Leer erzielt Portzamparcs symbolische Lösung einen Eindruck, eine Bewegung, die den Betrachter an das Wesen der Musik selbst erinnern. Im Gegensatz zu den meisten, in futuristischer Technologie schwelgenden Präsidentenprojekten wirkt dieses Projekt wie eine persönliche, humanistische und poetische Aussage.

Wie das Musikzentrum in der französischen Öffentlichkeit großes Interesse erweckte, so erreichte Bernard Tschumis Park von La Villette internationalen Beifall. Sein preisgekrönter Vorschlag (104), ein sogenannter „urbaner Park", ein Medien- und Vergnügungspark, versteht mit durchweg urbanen und formal eindeutigen Mitteln einen Geist zwangloser Entspannung und öffentlichen Vergnügens zu schaffen. Er sieht ein reichhaltiges kulturelles Angebot vor und gestattet dank der „offenen Planung" eine flexible Verteilung nach den unterschiedlichen Merkmalen des Geländes. Dieser Entwurf, der bei weitem „akademischste" von allen Präsidentprojekten, baut auf heute als „dekonstruktivistisch" bezeichneten Prinzipien auf, denen in Tschumis Augen die Zukunft des architektonischen Entwurfs gehört.

Das am Seine-Ufer gegenüber der Insel St-Louis gelegene Institut der Arabischen Welt *(105)* ist das Ergebnis eines französisch-arabischen Abkommens aus dem Jahr 1974, das eine Fortsetzung der Zusammenarbeit im Bereich von Kultur und Bildung vorsieht. Es ist darüber hinaus das Resultat einer gemeinsamen französisch-arabischen Investition, an der sich viele arabische Länder beteiligten. Die Ausschreibung für dieses Projekt gewann 1981 Jean Nouvel, Pierre Soria, Gilbert Lezènes und Architecture Studio (bestehend aus Martin Robain, Jean-François Galmiche, Jean-François Bonne und Rodo Tisnado). Von allen Präsidentenprojekten dürfte dieser Entwurf, wiewohl den Ausmaßen nach der bescheidenste, architektonisch doch der interessanteste sein. Seine außergewöhnliche Raffinesse beruht auf verschiedenen Faktoren – der außerordentlich geschickten Ausnutzung des schwierigen, anspruchsvollen und beengenden Bauplatzes, der eleganten volumetrischen Baumasse, und der interessanten Verwendung von Metall als Mittel, traditionelle architektonische und ornamentale Themen des Islam auszudrücken. Mit diesem Projekt bewiesen die Designer, daß moderne Technologie in einer ganz neuen Weise für höchst spirituelle Themen und Zwecke eingesetzt werden kann. Im Gegensatz zu dem brutalen technologischen Experiment des Centre Pompidou, das sich über seine Umgebung unbedenklich hinwegsetzt, verwendet dieses Projekt moderne Baustoffe in einer ruhigen, bedachten, ja poetischen Art. Das Institut ist ein wahres Meisterwerk zeitgenössischer Architektur.

Das letzte der von Präsident Mitterrand angeregten Bauprojekte, die Bibliothèque de France, dürfte wohl das größte und bedeutendste seiner diesbezüglichen öffentlichen Unternehmungen sein. Hauptzweck dieses Programms ist, den durch das antiquierte französische Bibliothekssystem verlorenen Boden wiederzugewinnen und das Land mit dem modernsten verfügbaren Forschungszentrum auszustatten. Dementsprechend ist auch der Maßstab des Projekts. Auf einem sieben Hektar großen Gelände an der Seine, direkt gegenüber dem neuen Finanzministerium, soll eine Anlage für zwölf Millionen Bücher und sechstausend Benutzer entstehen. Das Gebäude wird eine Gesamtfläche von 70 000 Quadratmeter haben und rund 110 Millionen Mark kosten. Für die bauliche Lösung dieser Aufgabe konsultierte die französische Regierung 244 internationale Architektenbüros und wählte zwanzig internationale Teams für einen Wettbewerb aus, darunter James Stirling und Jan Kaplicky aus England, Rem Koolhaas und Herman Hertzberger aus Holland, Mario Botta aus der Schweiz und Richard Meier und Arquitectonica aus den Vereinigten Staaten. Von französischen Architekten sprach sie u. a. Henri Gaudin, Jean Nouvel, Bernard Tschumi, Henri Ciriani, Bernard Huet, Paul Chaix und Jean Pierre Morel, Francis Soler und Dominique Perrault an. Unter dem Vorsitz von I. M. Pei erkannte die Jury den ersten Preis einstimmig Perrault zu.

Das preisgekrönte Projekt *(106)* besticht durch seine brillante Einfachheit. Es besteht aus einer riesigen horizontalen Anlage, einer Art Plattform von der Größe der Place de la Concorde, und vier 100 Meter hohen L-förmigen Ecktürmen für die Unterbringung der Bücher. Der horizontale Teil schließt ein zentrales Atrium von der Größe des Gartens des Palais' Royal ein. Geplant ist dieser mit Bäumen bestandene Mittelhof nach dem Vorbild eines großen Klosterhofs, durchquert von mehreren parallellaufenden, verglasten Verbindungsgängen. Die Anlage soll natürlich und ungezwungen wirken. Zu diesem Zweck beabsichtigt Perrault, einen Teil eines Waldes von der Ile de France hierher zu verpflanzen. Um den Hof sollen die Lesesäle und öffentlichen Räume der Bibliothek konzentriert werden. Alles in allem ist die architektonische Sprache charakteristisch für Perrault – Metall und Glas in einem alles dominierenden Geist der Helligkeit und Transparenz, der in der Gesamtwirkung geradezu den Eindruck einer physischen Entstofflichung erweckt. Die architektonische Besonderheit des Komplexes liegt in dem poetisch unterstrichenen Bezug zwischen der physischen Transparenz und der an ein Kloster erinnernden Ruhe, der dem Bau, wenn er einmal fertig ist, eine einzigartige geistige und staatsbürgerliche Ausstrahlung verleihen dürfte. Wie Jacques Lang, der französische Kulturminister, sagte, ist das Ganze mehr ein Ort als ein Gebäude.

Abschließend kann man getrost behaupten, daß die Präsidentenprojekte durch ihre wirklich bedeutenden Konzepte, ihren Maßstab, ihre funktionelle Komplexität und ihre hohen Anforderungen an die Technik die Bauaktivitäten in ganz Frankreich angeregt haben. Daß viele von ihnen Gegenstand internationaler Wettbewerbe waren, trug darüber hinaus ganz wesentlich dazu bei, den Austausch von Ansichten und Ideen auf eine internationale Ebene zu heben. Damit aber blieben die Projekte des französischen Präsidenten auch auf die Planung anderer europäischer Stadtzentren nicht ohne Auswirkung. Die französische Avantgarde-Architektur jedenfalls hätte ohne sie heute nicht annähernd jene Stufe der Verfeinerung und technologischen Reife erlangt, zu der sie sich in den letzten Jahren aufgeschwungen hat.

Schluß

„So viel noch überschüssige dichterische Kraft unter den jetzigen Menschen vorhanden ist, welche bei der Gestaltung des Lebens nicht verbraucht wird, so viel sollte, ohne jeden Abzug, Einem Ziele sich weihen, nicht etwa der Abmalung des Gegenwärtigen, der Widerbeseelung und Verdichtung der Vergangenheit, sondern dem Wegweisen für die Zukunft." Nietzsche

Wie aber kann man die achtziger Jahre in der französischen Architektur als eine zweite Avantgarde bezeichnen, wenn doch die erste europäische Avantgarde als eine regelrechte

François Deslaugiers, Entwurfsskizze für das Kongreßzentrum, Toulouse, 1989

Explosion origineller, schöpferischer Intensität angesichts gesellschaftspolitischer Auseinandersetzungen, Weltkriege und Revolutionen beschrieben werden kann? Wie können wir beide Zeitabschnitte miteinander vergleichen, wenn der eine reich an einschneidenden Ereignissen, dramatischen Kämpfen und sozial engagierten Individuen ist, während der andere den allgemeinen Verfall der schöpferischen Kräfte, Massenproduktion, Profitorientierung und Computerherrschaft verkörpert?

Um diese Frage beantworten zu können, muß man die französische Architekturbewegung der achtziger Jahre unter einem ganz bestimmten Blickwinkel betrachten, denn es ist außerordentlich wichtig, daß man den Kontext richtig sieht. Das heißt, man muß sich klarmachen, daß die europäische Geschichte an einem Wendepunkt angelangt ist, daß die achtziger Jahre die prägenden Jahre eines vereinten Europas waren, und daß diese Vereinigung für die Europäer nicht weniger revolutionär ist als es einst die Französische Revolution war, auch wenn sie durch friedliche Zusammenarbeit bewirkt wird. Westeuropa steht heute an der Schwelle der Vereinigung zu einer parlamentarischen Republik. Die politische Landschaft Europas hat sich dramatisch verändert. Die Rivalität zwischen den puristischen Ideologien des Kommunismus, Faschismus und Kapitalismus existiert im Grunde nicht mehr. Der Faschismus ist 1945 untergegangen, sein Wiederaufflackern heute kein ernstzunehmender Faktor mehr. Der Kommunismus ist in Auflösung begriffen, sein intellektueller Einfluß verblaßt. In Europa bahnt sich eine neue politische Ordnung an; der Kontinent schlägt einen Mittelweg ein und versucht sich in einer Kombination aus sozialistischen Organisationen und kapitalistischen Initiativen, die sich als unglaublich erfolgreich erweist. Infolgedessen beziehen die Architekten heute keine visionäre, politische oder kulturelle Position wie sie auch keine alten Ordnungen zu zerstören brauchen. Statt dessen werden wir Zeugen einer fast renaissancehaften Rivalität zwischen verschiedenen westeuropäischen Städten um Handel, Industrie, Kultur und Tourismus – einer Rivalität, bei der die Architektur als das Aushängeschild gehandelt wird, das am meisten in die Augen springt.

Gleichzeitig ist die Architektur äußerst professionell und wissenschaftlich geworden und sondiert voller Eifer die neuesten technologischen Möglichkeiten. Die Technologie ihrerseits ist leichter zugänglich denn je, äußerst flexibel und so reich an kreativem Potential, daß der Architekt ihr seinen persönlichen Stempel aufdrücken und ihr über die rein technologischen Erfordernisse hinaus eine nichttechnologische Bedeutung abgewinnen, sie für geistige und ästhetische Zwecke einspannen kann. Diese von den Modernisten zu Beginn des 20. Jahrhunderts mit solcher Dringlichkeit angestrebte philosophische Zielsetzung ist, wie viele französische und europäische Entwürfe unserer Zeit beweisen, nun endlich erreicht. Zu danken ist diese Errungenschaft jenen Architekten, deren zugleich kühne und präzise Einbildungskraft sie als zweite Avantgarde zu bezeichnen gestatten. Mögen sie sich in ihrem Profil und ihrem Charakter von der ersten unterscheiden, ihre Leistungen sind deshalb mitnichten geringer.

Um das Wesen dieser zweiten Avantgarde zu illustrieren, haben wir Beispiele für die Arbeit von zwölf französischen Architekten zusammengetragen. In Anbetracht der vielen Architekten Frankreichs, die heute verdienten erwähnt zu werden, war die Auswahl alles andere als einfach. Diese zwölf nun vertreten ähnliche Ideen, sie bilden gewissermaßen eine Bewegung, die sich mit einigen allgemeinen theoretischen Begriffen grob definieren läßt. Trotz unterschiedlicher Konzepte und Einstellungen akzeptieren nämlich alle eindeutig eine industriell erzeugte Ästhetik als bestimmenden Faktor in ihren Entwürfen; zeigen sie durch ihre positive Reaktion, ihr entschiedenes Eingehen auf die fortschrittliche Technologie, daß sie diese durchaus als Kunst und keineswegs nur als funktionelle oder pragmatische Notwendigkeit betrachten; wagen sie sich an kühne Konzepte heran; und machen sie, anders als in den herkömmlichen Entwürfen, die Technologie zu einem Medium persönlicher Aussage. Kurzum, sie übersetzen pragmatische Erfordernisse in Poesie und führen so durch ihre schöpferische Kraft die französische Architekturtradition im besten Sinne fort.

DIE
ARCHITEKTEN

ARCHITECTURE STUDIO
Lycée du Futur • Poitiers • 1986–87

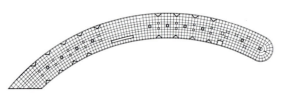

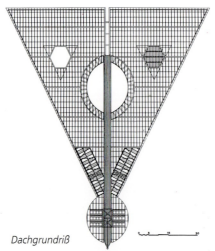

Dachgrundriß

Architecture Studio hat sich konsequent an zahlreichen Ausschreibungen und Ausstellungen beteiligt, diverse Publikationen herausgegeben sowie Seminare und Konferenzen abgehalten. Am bekanntesten ist der zusammen mit Jean Nouvel ausgearbeitete preisgekrönte Entwurf für das Institut der Arabischen Welt. Für den ebenfalls mit Nouvel entworfenen Vorschlag für seinen Abschluß der Achse in La Défense erhielten sie den zweiten Preis.

Maßgeblich für das Design sind nach Ansicht der Mitglieder von Architekture Studio die morphologischen und geographischen Gegebenheiten des Standorts. Auf sie haben die architektonischen Eigenschaften der Designprodukte Bezug zu nehmen. Dieser Prozeß der Einbindung ist heute außerordentlich komplex, da die Architektur praktisch keine organischen Baustoffe mehr verwendet, die früher die Koexistenz von Bauwerk und Umgebung ermöglichten. Die neuen industriell produzierten Baustoffe und industriellen Montagetechniken führen zu einer Architektur, die ihrerseits ein industrielles Kunstprodukt darstellt. Andererseits sieht Architecture Studio in der Technologie *das* Symbol unserer Zivilisation und deshalb auch das entscheidende Element des modernen Design. Zu Be-

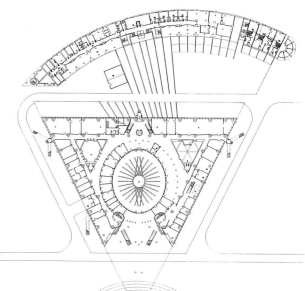

Grundriß erster Stock

Grundriß Erdgeschoß

Axonometrische Innenansicht

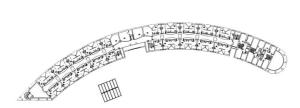

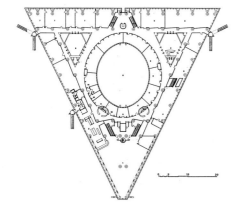

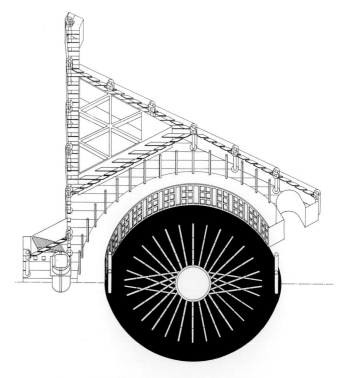

56 ARCHITECTURE STUDIO

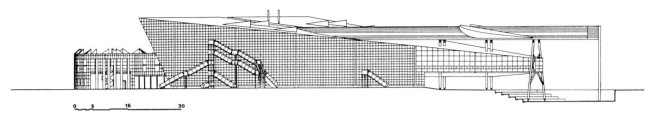

Aufriß

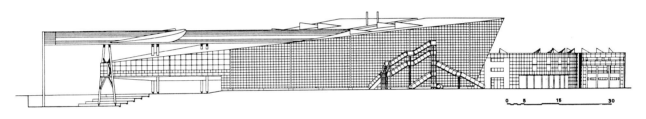

Aufriß

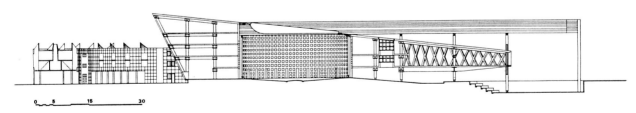

Schnitt

ginn dieses Jahrhunderts war die Anwendung der modernen Technologie in der Architektur noch der Avantgarde vorbehalten. Heute ist das längst nicht mehr der Fall. Die fortschrittliche Technologie ist zu einem Bestandteil des Alltags geworden.

Trotzdem wirft diese technologische Dimension des Baudesigns bei der städtebaulichen Integration ernstzunehmende Schwierigkeiten auf. Aufgabe der modernen Architekten ist es, zwischen ihren Industrieprodukten und dem historischen oder organischen Umfeld zu vermitteln. Architecture Studio setzt dabei auf den Gegensatz. Es strebt eine Architektur der Dualität an, eine Architektur, die die beiden Komponenten in einer ebenso unübersehbaren wie anregenden Weise verbindet.

Das traditionelle Anliegen der Moderne, die aus Gründen der Redlichkeit geforderte Übereinstimmung von Form und Funktion, ist für Architecture Studio nicht maßgebend. Nach Ansicht dieser Architekten ist die Architektur aufgrund ihrer vielfältigen Aufgaben über das Bestreben der frühen Moderne, moralische Wahrheit zu predigen, hinausgewachsen. Bewegung und visuelle Entdeckungen sind, so Architecture Studio, heute wichtiger als didaktische moralische Kriterien. Durch die Zerlegung statischer architektonischer Räume in eine Reihe von Ebenen oder Schichten, die dann in einer dem Bau Transparenz und Tiefe verleihenden Weise wieder zusammengesetzt werden, sollen kinetische Ereignisse eingefangen und architektonisch umgesetzt werden. So überwiegt im Werk dieser Gruppe eine nahezu kinematische Form der visuellen Kommunikation. Dabei dient die Technologie als Garant dafür, daß die Architektur mit den in der heutigen Gesellschaft allgemein gültigen Denk- und Verhaltensweisen übereinstimmt.

Vielfach wünschten auch die Kunden selbst Gebäude mit raffiniertem technologischem Symbol- und Ausdrucksgehalt. Etwa im Falle des Lycée du Futur bei Poitiers. Nach den Vorstellungen des Präsidenten des Generalrats sollte die Schule nicht nur „heute, sondern auch noch in dreißig Jahren avantgardistisch wirken". Natürlich schlugen sich diese Erwartungen in den Entwürfen nieder, deren futuristische, an Flugzeuge erinnernde Bildhaftigkeit dynamische und abstrakte Formen und Gestalten mit ultramodernen Baustoffen kombinieren.

Château des Rentiers • Paris • 1985–86

Der Bau des in Paris als Château des Rentiers bekannten Wohnhochhauses stellte Architecture Studio aufgrund des schmalen, engen Bauplatzes vor das Problem, selbst einen geeigneten Kran zu entwickeln, da die gewöhnlichen nicht verwendet werden konnten. Später wurde diese einfallsreiche Sonderform als bleibender Bestandteil in das Raumfachwerk des Baus einbezogen.

Auferstehungskirche • Paris • 1986–89

Die Auferstehungskirche, die im 15. Pariser Arrondissement gebaut werden soll, liefert einen überzeugenden Beweis dafür, daß sich moderne Technologie und Baustoffe auch bei geistlichen Themen und Anliegen schöpferisch verwenden lassen. Durch den unverkleideten Tragrahmen, die Aluminiumverkleidung, die Glasplatten und den spirituellen Effekt des von Laserkanonen im Inneren erzeugten Lichtrasters wird hier ein rigoros modernes und doch rührendes und poetisches, aussagekräftiges architektonisches Gesamtbild geschaffen.

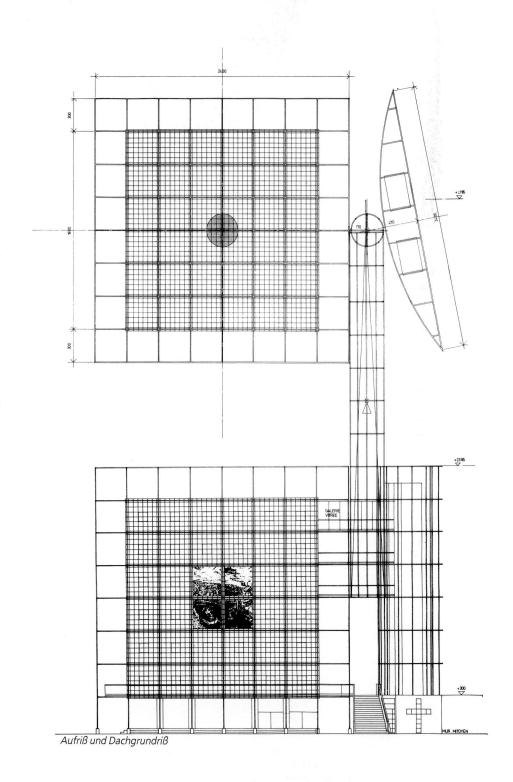

Aufriß und Dachgrundriß

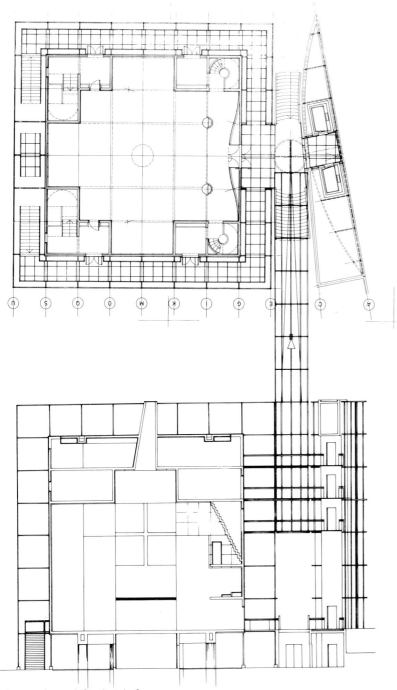
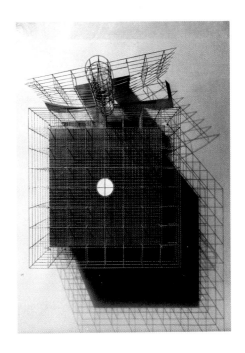

Schnitt und Grundriß Erdgeschoß

ARCHITECTURE STUDIO

Staatliches Judoinstitut • Paris • 1988–89

Ein Projekt aus jüngster Zeit illustriert am besten, was Architecture Studio unter Dualität, Gegensätzlichkeit, Bruch und Nebeneinanderstellen versteht: das für einen schwierigen, dreieckigen Bauplatz geplante nationale Judoinstitut. Die von Architecture Studio vorgeschlagene preisgekrönte Lösung sieht eine Aufteilung des Platzes in zwei große Baumassen vor: einen langgestreckten Arm für die Büros und einen überkuppelten Rundbau für die Sportanlagen. Beide Komponenten sind jedoch nicht als reine Raumkörper entworfen, sondern als Volumen, die einander durchdringen und an vielen Stellen zusammenstoßen. Selbst die Kuppel ist an der Seite, an der sie die Längskante des Grundstücks schneidet, in Stücke gebrochen. Durch diese hybriden, unreinen Formen soll der von isolierten Baumassen so leicht hervorgerufene Eindruck platonischer, ästhetischer Integrität zerstört und die nach Ansicht von Architecture Studio für einen modernen Entwurf so wesentliche spielerische, dynamische Wirkung erzeugt werden.

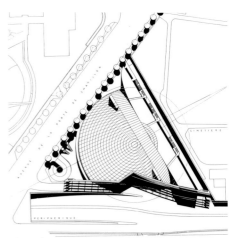

Lageplan

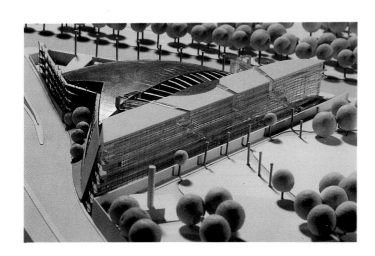

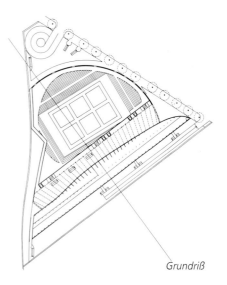

Grundriß

Schnitt

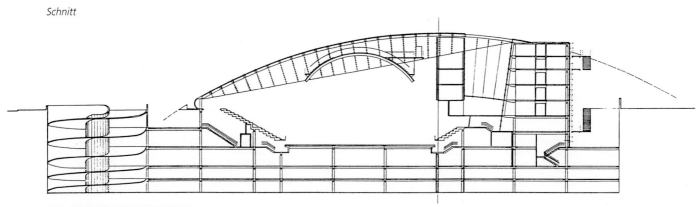

66 ARCHITECTURE STUDIO

Universität • Dünkirchen • 1987–89

Ähnliche Konzeptionen und Ideen wie beim staatlichen Judoinstitut finden sich auch im Entwurf für die Universität in Dünkirchen wieder. Teil eines Sanierungsprojektes für das Hafenviertel, bezieht das Projekt einen ehemaligen Tabakspeicher ein, den Architecture Studio aushöhlen, in seiner Struktur jedoch übernehmen und teilweise mit einem wellenförmigen Schutzdach aus glattem Aluminiumblech überdachen möchte. Unter diesem Dach sollen die verschiedenen Funktionen der Universität Platz finden. Und diese Pluralität der Funktionen und Formen soll durch die starke Aussagekraft der Dachform zu einer Einheit zusammengeschlossen werden. Insgesamt verkörpert das Werk einen wesentlichen Grundsatz der Philosophie von Architecture Studio – daß der Architekt in einer Welt des unendlichen Pluralismus eine ganz wesentliche Pflicht zu erfüllen hat, nämlich die, für Stabilität und Harmonie zu sorgen, da eine kultivierte Architektur ohne Harmonie undenkbar ist.

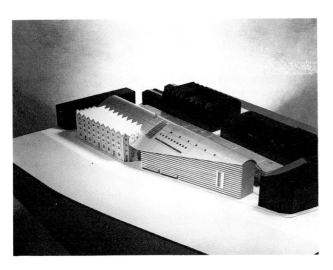

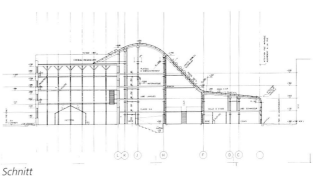

Schnitt

Lycée des Arènes • Toulouse • 1990

Architecture Studios jüngstes Projekt, die Umwidmung einer alten Arena in ein Gymnasium unter Übernahme der einen Hälfte und Ausbau der anderen zu schulischen Zwecken, liefert geradezu ein Lehrbeispiel für die Prinzipien des Dualismus und der Gegensätzlichkeit. Dadurch aber, daß die Spannung zwischen der alten Struktur und dem Anbau durch das umgreifende Oval des Stadions auf wunderbar harmonische Weise förmlich wieder aufgehoben wird, erhält diese Dualität einen verspielten Charakter.

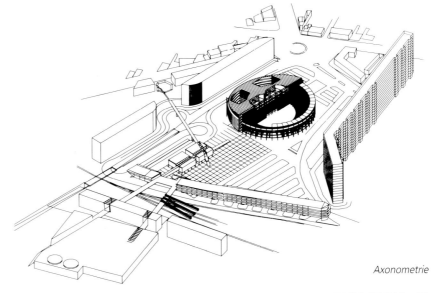

Axonometrie

GILLES BOUCHEZ
Haus der Popmusik oder Rockoper • Paris • 1983

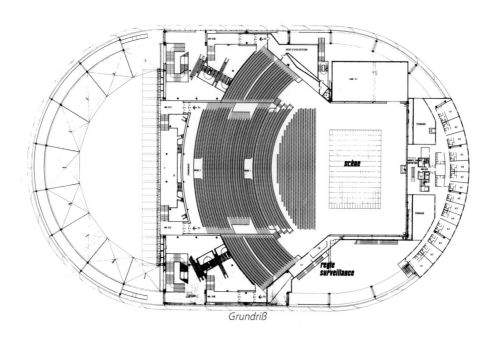

Grundriß

Gilles Bouchez' Entwürfe sind ein Spiegel seiner vielfältigen und oft widersprüchlichen akademischen und beruflichen Erfahrungen. Zu Beginn seines Studiums an der Ecole des Beaux Arts studierte er bei Eugène Beaudoin, einem Vertreter des noch immer lebendigen akademischen Stils; später wechselte er ins Atelier von Georges Candilis über, wo er sich mit einer völlig anderen Auffassung von Architektur konfrontiert sah. Nach dem Diplom arbeitete er in England für Ernö Goldfinger, einen ehemaligen Schüler von Auguste Perret und Befürworter der modernen Technologie in einer „personalisierten" Form. Außerdem traf Bouchez bei diesem Englandaufenthalt auch mit dem englischen Ingenieur Peter Rice zusammen, der für viele High-Tech-Entwürfe in Frankreich verantwortlich zeichnet. Stark beeindruckt von der High-Tech-Bewegung kehrte er nach Frankreich zurück, und noch heute zeugen seine Projekte von diesem Einfluß. Beispielsweise propagierte er in dem für die Rockoper in Bagnolet ausgeschriebenen Wettbewerb (einem später gestrichenen Präsidentenprojekt) einen luftkissenähnlichen Stahlüberbau, der über einem von einem Gewirr von Wegen und Autostraßen durchschnittenen Gelände schweben sollte. Aufgrund seiner starken Ähnlichkeit mit Entwürfen von Ron Herron und Peter Cook aus den sechziger Jahren wurde das Projekt kurzerhand als ein Produkt der technologischen Architektur englischer Prägung abgestempelt.

Andererseits ist Bouchez imstande, eine unglaubliche Vielfalt von einander kaum vergleichbaren Konzepten zu entwickeln. Dabei geht er weniger von den vorgegebenen Programmen aus (die er meist erst, wenn er sich ein ungefähres Bild von dem Entwurf gemacht hat, im einzelnen durchgeht) als von den Besonderheiten und Bedingungen des Standorts. „Nur an Ort und Stelle", so sein Motto, „können wir uns mit einem Projekt wirklich auseinandersetzen." Auf eine spezifische Umgebung reagiert er mit einer spezifischen Lösung. Bezugnahme auf den Kontext bedeutet für ihn je-

doch nicht, die charakteristischen Merkmale des Geländes zu „stehlen", sondern sie schöpferisch in die Wirklichkeit des Bauprogramms zu übersetzen. Da seine architektonische Sprache weitgehend auf technologischen Bildern aufbaut, stellt sich für ihn vor allem das Problem, diese technische Bildersprache auf die Bedingungen des Geländes abzustimmen, was besonders, wenn es sich um eine historisch gewachsene Umgebung handelt, nicht immer ganz einfach ist.

Berufsschulzentrum • Marne-la-Vallée • 1985

Das Projekt für das Berufsschulzentrum im bewaldeten Industriepark der Cité Descartes in Marne-la-Vallée stellte Bouchez vor vielfältige morphologische Schwierigkeiten. Er löste sie durch den Entwurf eines kompakten Volumens, das er in zwei Massen unterteilte – einen hohen Raumkörper gegenüber von Dominique Perraults Technikum und eine in Entsprechung zu den auseinanderlaufenden Rändern in Form gigantischer Treppen ansteigende Baumasse. Verbunden sind diese beiden Volumen durch ein diagonal gezogenes „Rückgrat", das sich in Richtung des Descartes-Komplexes öffnet. Das Ganze ist charakteristisch für Bouchez' vielfältige Reaktionen auf die physischen Besonderheiten des Standorts.

Schnitt

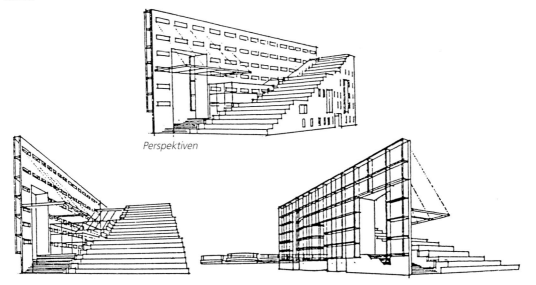

Perspektiven

Französische Botschaft • Nairobi • 1988

Bouchez hat sein industrielles Vokabular auf recht verschiedenartige Bautypen angewandt. Ein gutes Beispiel dafür liefert sein Wettbewerbsprojekt für die französische Botschaft in Kenia: eine hohe kompakte Form, die einen hohen Lichthof umschließt. Außen ist der ganze Bau in eine Aluminiumhaut eingehüllt, die ihm ein dynamisches, technologisch inspiriertes Aussehen verleiht, in Wirklichkeit aber einem kulturellen und politischen Zweck dient.

Fassadenaufriß

Schnitt

Sporthalle • Guyancourt • 1987

Bouchez' Sporthalle in Guyancourt ist ein Beweis für seine bewundernswerte Fähigkeit, aus der industrialisierten Technologie einfache, aber doch recht unterschiedliche Formen zu entwickeln. Obgleich im Grundaufbau ausgesprochen einfach, ist der Bau in den volumetrischen Aufrissen und Einzelheiten doch von einer feinen, zurückhaltenden Eleganz. Die einfallsreiche Behandlung der Ecken, Eingänge, der Belichtung und der Neonschriftzüge beweist, daß der ästhetische Minimalismus in der Architektur, wenn er Hand in Hand mit architektonischer Strenge und Verfeinerung geht, durchaus imstande ist, Gebäude von einer starken formalen Präsenz voller Leben und Gefühl zu schaffen.

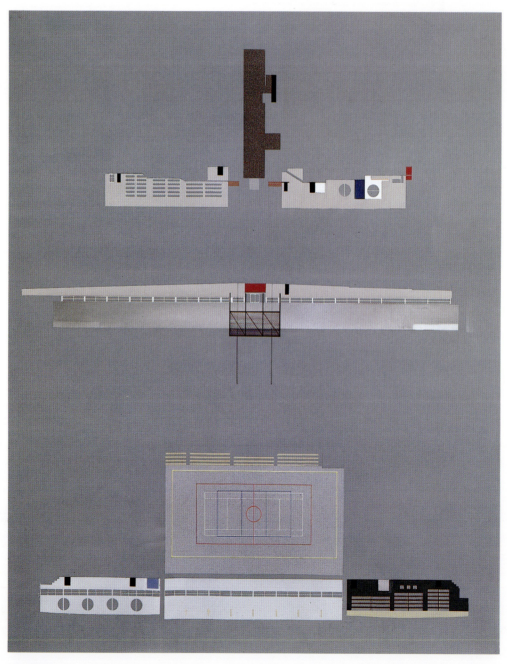

Öffentlicher Wohnungsbau • Avenue Philippe-Auguste • Paris 1983

Bouchez war auch im öffentlichen und privaten Wohnungsbau tätig. Wie bei anderen Gebäudetypen hat er auch hier je nach den spezifischen Gegebenheiten des Bauplatzes eine unglaubliche Vielfalt architektonischer Lösungen gefunden. Sein Wohnkomplex in der Avenue Philippe-Auguste in Paris liefert ein gutes Beispiel dafür. Während er beim Frontaufriß auf die Nachbarhäuser Bezug nimmt, hat er auf der Hinterhofseite ein vielschichtig gegliedertes System kleinerer Baumassen entwickelt.

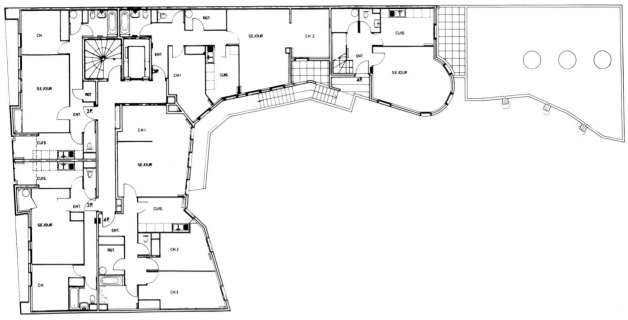

Grundriß erstes Obergeschoß

Grundriß Erdgeschoß

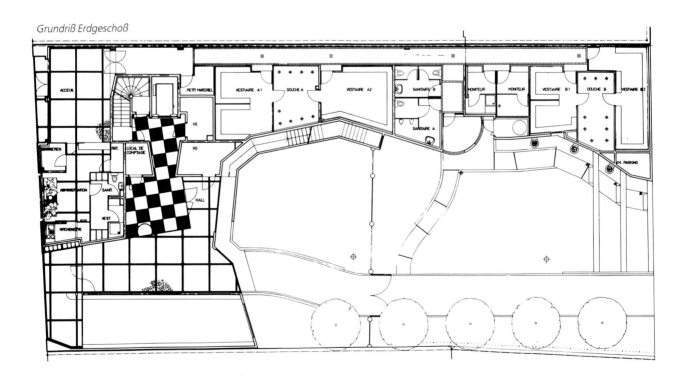

Haus Peclers • Garches • 1988

Ein überzeugendes Beispiel für Bouchez' vielfältige architektonische Interessen und Fähigkeiten bietet das in Garche für Dominique Peclers entworfene Haus, in dem er die Grundthemen des Kubismus aufgreift. Die Bezugnahme auf Le Corbusiers benachbarte Villa Stein ist wohl kein Zufall. In Beton ausgeführt, spielt das Haus das Thema des Kubus in einer dynamischen Reihe räumlicher Transformationen durch, die ganz entschieden den Eindruck physischer Transparenz und Offenheit erwecken.

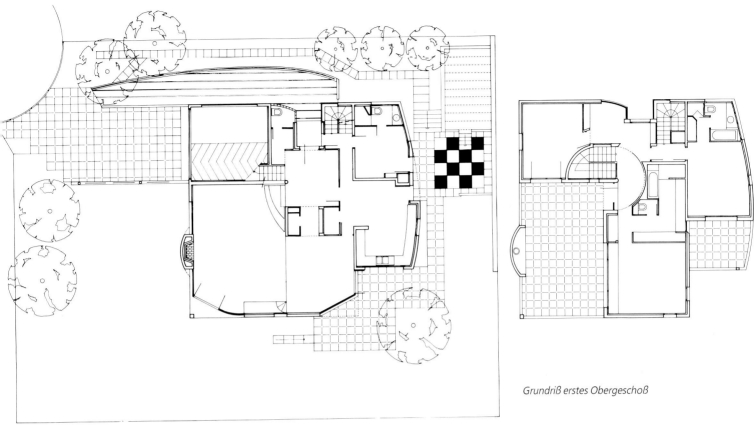

Grundriß erstes Obergeschoß

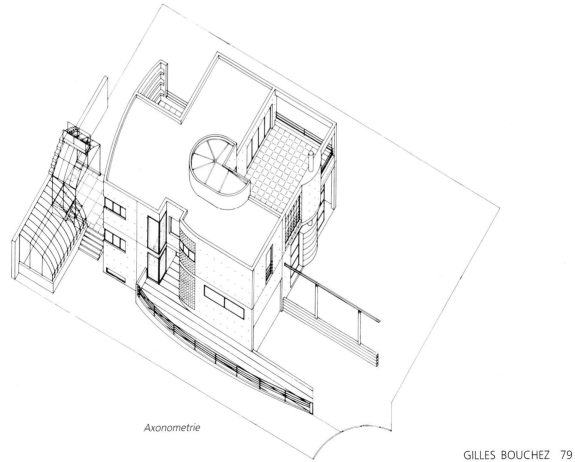

Axonometrie

JEAN PIERRE BUFFI
Collines Nord et Sud • Tête Défense • Paris • 1986–90

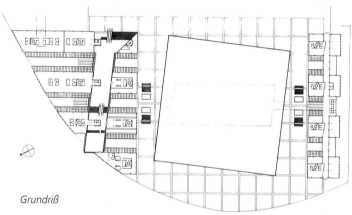

Grundriß

Seine ersten praktischen Erfahrungen sammelte Jean Pierre Buffi in Paris, im Büro Jean Prouvés, der einen nachhaltigen Einfluß auf sein künftiges Werk ausüben sollte. Trotz der technologischen Ausrichtung von Prouvés Entwürfen entwickelte Buffi weder in Konzeption noch in Methodologie eine Leidenschaft für Bautechnologie. Für ihn ist sie lediglich eine, wenn auch zweifellos wichtige, Dimension der Konstruktion und ein Mittel für den Architekten, Erfindungen zu machen und originelle Entwurfkonzepte aufzustellen, weshalb er ohne gute technische Kenntnisse auch kein kompetenter, schöpferischer Designer werden kann. Buffi selbst benutzt Baustoffe und Technologie beispielsweise bei seinen IBM-Gebäuden zur Unterstreichung ihres technologischen Charakters. Trotz all der wichtigen Beiträge aber, die sie unbestreitbar zu leisten imstande ist, sollte die Technologie nie als Selbstzweck gesehen werden. Eine allzu liberale Verwendung der Technologie läuft nach Buffis Überzeugung stets Gefahr, oberflächliche High-Tech-Designs ohne tiefere geistige Bedeutung zu zeitigen. Buffi aber hat es sich zur Regel gemacht, von einem strengen, bescheidenen, zurückhaltenden Konzept auszugehen, das für ihn jedenfalls noch stets eine zuverlässige Quelle architektonischer Inspiration war.

Seine Architektur verwendet einfache, elementare Formen, die leicht zu erkennen und zu verstehen sind. Er hegt eine Vorliebe für den architektonischen Minimalismus oder, wie er sich ausdrückt, für wesentliche ästhetische Emotionen. Seine Hauptsorge gilt seit jeher der richtigen Einpassung der Bauobjekte in den Kontext. Eine sorgfältige Beachtung der Geländeprobleme wird in all seinen Entwürfen deutlich.

Sein bedeutendstes Projekt, die Collines Nord et Sud, ein Bürokomplex in unmittelbarer Nachbarschaft der Grande Arche von La Tête Défense, steht kurz vor dem Abschluß. Das bei einem Wettbewerb 1986 preisgekrönte Projekt gewährt einen

guten Einblick in Buffis urbanistische und ästhetische Philosophie. Vor allem war ihm an der Entwicklung einer Standortstrategie gelegen, da er dem mächtigen, freistehenden Volumen der Grande Arche keine Konkurrenz machen wollte. Seine Bauten sollten vielmehr – wohl für jeden Architekten von der Konzeption her eine schwierige Aufgabe – als Kulisse dienen. Aus diesem Grund entwarf er eine Reihe von vertikal auf den Großen Bogen zulaufenden Baukörpern, getrennt durch schmale Zwischenräume aus Glas, um ein Maximum an Transparenz, Belichtung und eine gute Aussicht auf die Grande Arche zu erzielen. Colline Nord wird vom sogenannten „Großen Schiff", einem fünfundzwanzig Meter hohen verglasten Verbindungsgang, der Zugang zu den Büros gewährt, diagonal durchschnitten. Er verläuft parallel zur Grande Arche, die ihrerseits leicht schiefwinklig zur Achse der Champs-Elysées steht. Colline Sud wird gleichfalls von einem großen Verbindungsgang zweigeteilt, in dem technologische Exponate ausgestellt sind. Architektonisch spricht dieses Projekt durch wesentliche Volumen und Räume und die Reduzierung des sichtbaren Details auf zweitrangige Bedeutung eine äußerst zurückhaltende, nüchterne Sprache.

Innenperspektive

IBM-Verwaltungsgebäude • Lille • 1984–87

Die beiden IBM-Projekte machen Buffis Interesse an morphologischen Fragen deutlich. Bezeichnenderweise entwarf er den Sitz der IBM-Hauptverwaltung für Nordfrankreich als halbkreisförmigen Bau, um möglichst viele Bäume des Geländes, eines früheren Schloßparks bei Lille, bewahren zu können. Durch diese halbmondförmige Gestalt von starker visueller Ausdruckskraft wird zugleich der Standort in geometrischer Weise gegliedert. Durch die Glasvorhangwand auf der konkaven Seite entsteht der Eindruck eines für die eindringende Natur offenen Gebäudes, das auf der konvexen Seite von arkadenartig gegliedertem Beton physisch zusammengehalten wird – ein Effekt von dynamischer visueller Dualität. Außerdem erzeugt das aufgrund der geringen Tiefe des Baus durchdringende Licht den bei den französischen Modernisten so beliebten Eindruck räumlicher Transparenz.

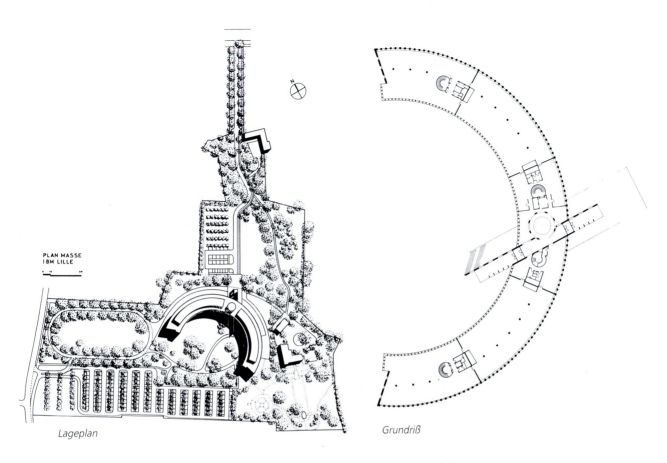

Lageplan   *Grundriß*

IBM-Verwaltungsgebäude • Bordeaux • 1985–87

Der IBM-Sitz in Bordeaux beweist, daß auch ein banaler, nichtssagender Standort auf einfallsreiche Weise strukturiert werden kann. Da ein kompakter, einfacher Bau unter diesen Gegebenheiten nicht in Frage kam, entschied sich Buffi für die Kombination einer hohen L-förmigen Konstruktion und eines niedrigen Pavillons mit halbkreisförmigem Hof. Dadurch erzielte er einen volumetrisch charakteristischen Komplex, der auf einem Gelände ohne bestimmte Richtung eine pittoreske Note einführt.

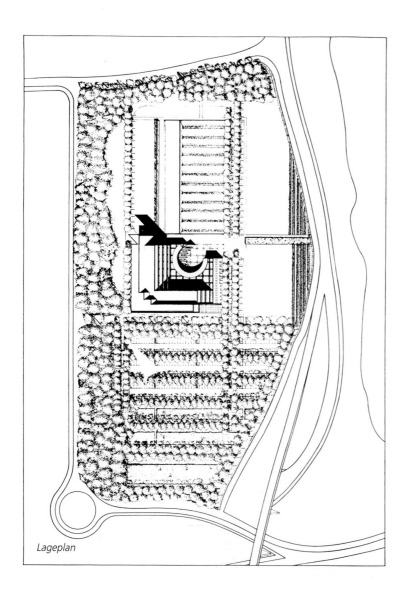

Lageplan

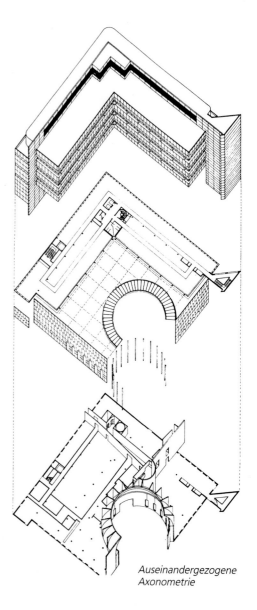

Auseinandergezogene Axonometrie

Regionales Informationszentrum • Nevers • 1985–86

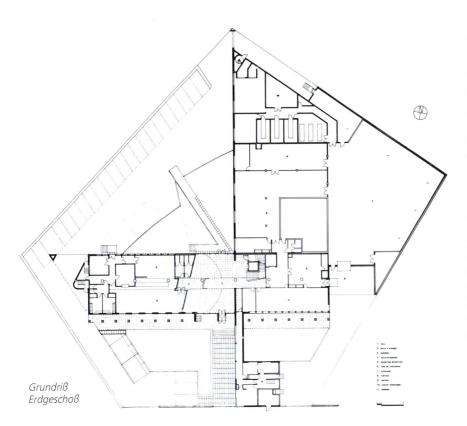

Grundriß Erdgeschoß

Buffis Regionales Informationszentrum in Nevers kann mit ähnlichen Begriffen beschrieben werden wie seine beiden IBM-Gebäude. Das für ein morphologisch schwieriges, geradezu charakterloses Gelände vorgesehene Projekt erforderte eine raffinierte Komposition, sollte ein qualitativ hochstehender funktioneller Bau von starker architektonischer Präsenz entstehen. Buffi entschied sich für die leicht einsichtige Kreuzform, die ihm gestattete, die verschiedenen Komponenten des Programms in klarer, einfacher Weise anzuordnen. Außerdem benutzte er die Baustoffe – polierten Beton, Stein, Aluminium und Glas – dazu, die verschiedenen Komponenten gegeneinander abzusetzen und die hierarchische Rangordnung zu unterstreichen.

Französisch-Portugiesisches Kulturinstitut • Lissabon • 1979–84

Da sich die französischen Architekten häufig vor die Notwendigkeit gestellt sehen, ihre Entwürfe in den Kontext alter Städte einzupassen, stehen die Probleme der Integration neuer Faktoren in eine vorgegebene Ordnung im Vordergrund. Ein gutes Beispiel für dieses Dilemma liefert Buffis 1984 fertiggestelltes Französisch-Portugiesisches Kulturinstitut in Lissabon. Bei den Fassaden ging Buffi von den in Lissabon üblichen flachen, nicht gegliederten Aufrissen mit leicht zurückgesetzten Fenstern aus. Das Ergebnis ist ein einfacher, nüchterner, durch und durch moderner Bau, der sich einfühlsam in die Umgebung einpaßt. Vielleicht ist heutzutage nichts schwieriger, als die Formen der Vergangenheit mit den Erfordernissen der Zukunft auszusöhnen. Buffis Werk hat diese Herausforderung erfolgreich bestanden und die Aufgabe auf einzigartige Weise gelöst.

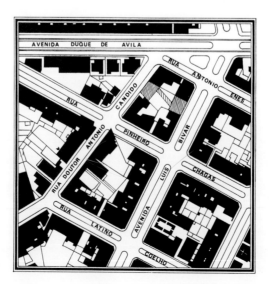

Lageplan

Fassadenaufriß

Perspektivischer Schnitt

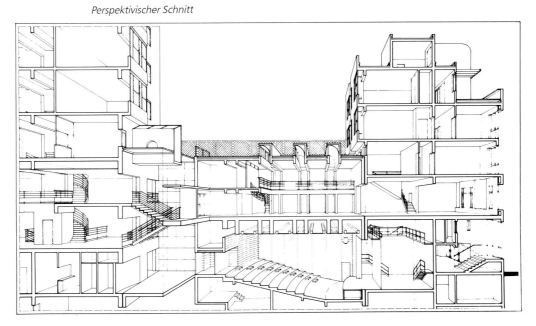

Residenz „Le Manet" • Saint-Quentin • 1985–89

Buffi entwarf auch mehrere Wohnsiedlungen in den neuen Pariser Satellitenstädten. Sein letztes derartiges Projekt war der Wohnkomplex „Le Manet" in Saint-Quentin. Wie seine anderen Wohnprojekte demonstriert auch dieser mit Hilfe verspielter volumetrischer Formen und einer kreativen Mischung von Baustoffen, Strukturierungen, Farben und Details einen rigoros urbanen Charakter.

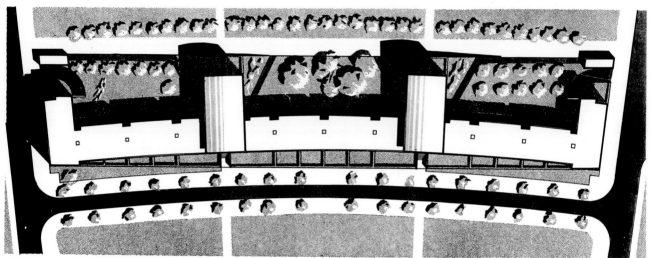

Lageplan

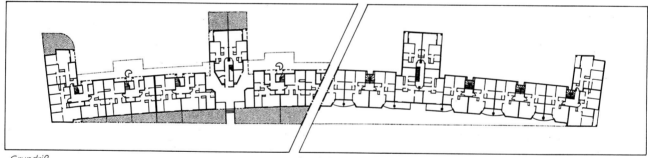

Grundriß

FRANÇOIS DESLAUGIERS
Regionales Informationszentrum • Nemours • 1975

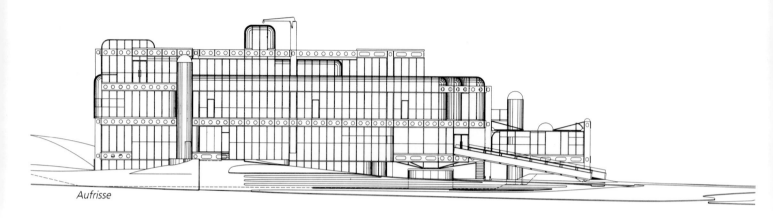

Aufrisse

„Ich habe gelernt, die Architektur als eine Übung in Präzisionstechnik zu betrachten", erklärte François Deslaugiers einmal und charakterisierte damit seine Art und Weise, einen Entwurf anzugehen. Eine gutes Beispiel dafür liefert sein Regionales Informationszentrum von 1975 in Nemours, mit dem Deslaugiers beweisen wollte, daß auch in einem Land, das in der Bautechnologie hinter anderen Industrieländern herhinkte, ausgeklügelte High-Tech-Bauten möglich waren. Geplant wurde der Bau – einschließlich Betontafeln, Trennkonstruktionen, einem Modulskelett und sogar der Grundmauern – im Geist der Automontage als dreidimensionaler Werkzeugkasten. Der zugrundegelegte Raster war mit 90 Zentimetern klein genug gewählt, um ohne weiteres eine große Anzahl funktioneller Varianten zuzulassen. Das Konstruktionssystem ging nicht von einem Schirm oder einer Außenhaut aus, sondern von einer dreidimensionalen Struktur, deren endgültige volumetrische Form sich aus funktionellen und inneren Anordnungen ergab. Auf diese Weise trug der Bau nach dem Centre Pompidou wesentlich zur dramatischen Entwicklung der französischen Architektur in den achtziger Jahren bei.

François Deslaugiers ist überzeugt, daß die formalen Aspekte der Architektur heute nicht länger der beherrschende Gesichtspunkt sind, daß vielmehr der funktionellen Anordnung bestimmter Räume der Vorrang zukommt. Er hält nichts davon, beim Entwurf von irgendwelchen ästhetischen Richtlinien auszugehen. Seiner Ansicht nach sollen vielmehr die funktionellen und strukturellen Anforderungen im Mittelpunkt der Erwägungen stehen. Seine Entwürfe arbeiten mit genormten Komponenten und raffinierten Montagemethoden und streben materielle Leichtigkeit und Effizienz an. Das Ergebnis ist eine industriell wirkende Architektur. Und

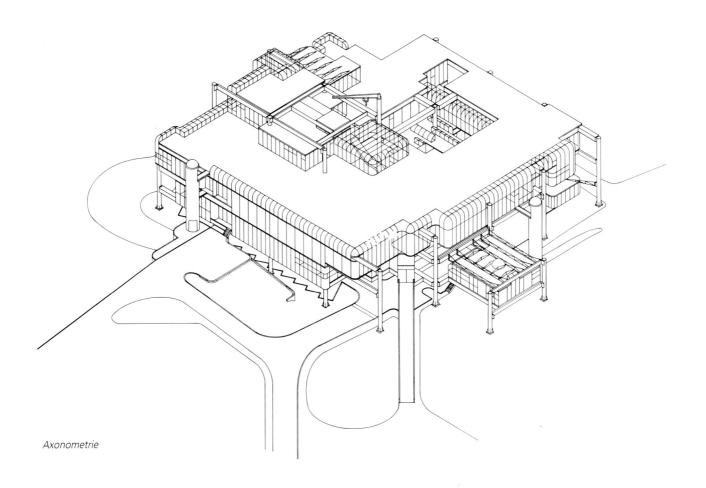

Axonometrie

in der Tat ist die Erfindung funktioneller und struktureller Systeme das Hauptanliegen von Deslaugiers' Werk. Für den geeignetsten Baustoff hält er aufgrund seiner Leichtigkeit und Flexibilität Metall, zumal sich das architektonische Design seiner Überzeugung nach ohnehin in Richtung Auto- und Flugzeugmontage entwickeln muß.

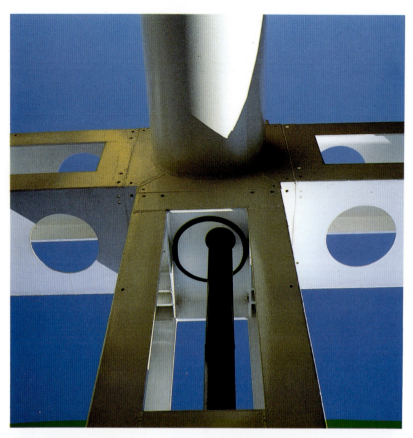

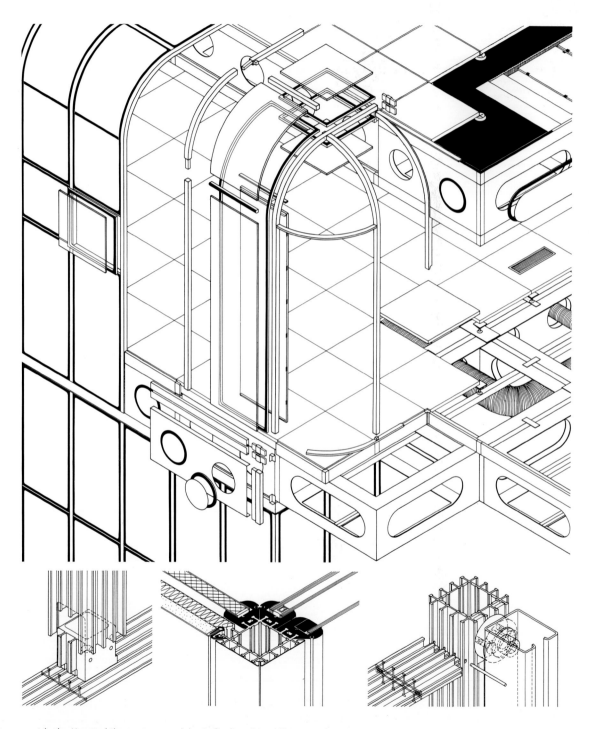

Axonometrie des Konstruktionssystems und der Außenwandversteifung

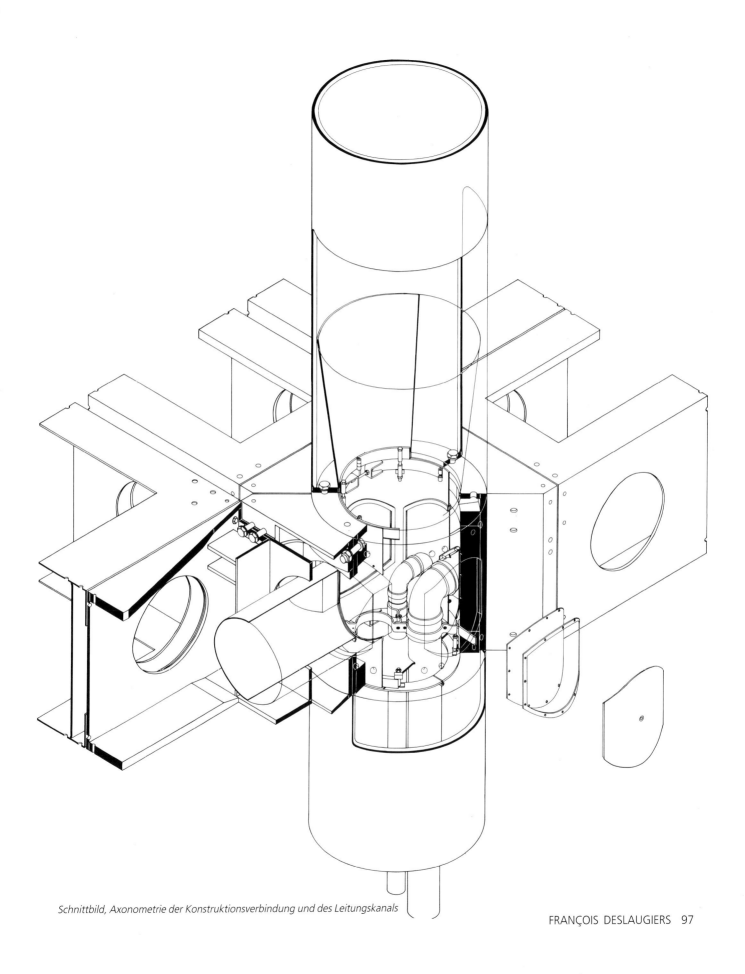

Schnittbild, Axonometrie der Konstruktionsverbindung und des Leitungskanals

Fassaden und Aufzüge • Grande Arche • La Tête Défense • Paris • 1987

Zu Ruhm und Ehren gelangte Deslaugiers erst unlängst durch seinen Beitrag zum Bau der Grande Arche in La Défense. Nach dem unerwarteten Tod von Johan Otto von Spreckelsen wurde die Bauausführung dem renommierten französischen Architekten Paul Andreau übertragen, der seinerseits Deslaugiers mit der Konstruktion der Fassaden und der berühmt gewordenen Aufzüge betraute. In beiden Fällen erfand Deslaugiers ein System von Aluminiumrahmen zum Preis eines Kleinwagens pro Stück. Mehr als 2400 Fensterrahmen wurden fertig geliefert und mit Bolzen an der Betonstruktur des Riesenbaus befestigt. Die fünf Aufzüge wurden in Gestalt von Glaszylindern konzipiert, die an beiden Enden von Glaskuppeln geschlossen sind. Das verwendete Material ist, was Stärke und technische Eigenschaften angeht, dem Fensterglas der Airbusflugzeuge vergleichbar. Die vertikalen Aufzugsschächte bestehen aus zwölf Röhren aus rostfreiem Stahl, in denen die Besucher in den High-Tech-Aufzügen in einer spektakulären Fahrt nach oben schweben.

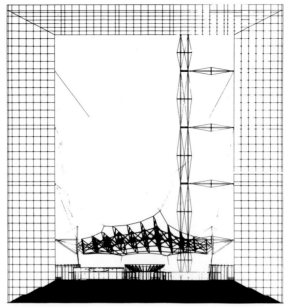

Aufriß der Innenseite des Bogens

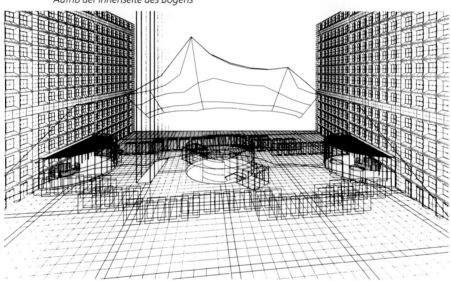

Perspektivische Innenansicht *Perspektivische Ansicht der Treppenkreuzung*

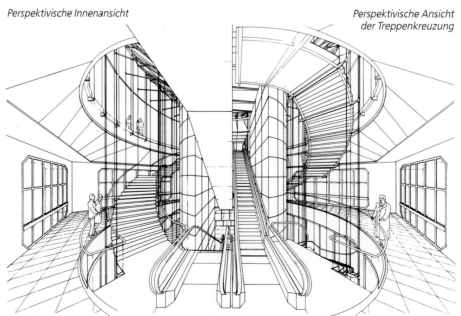

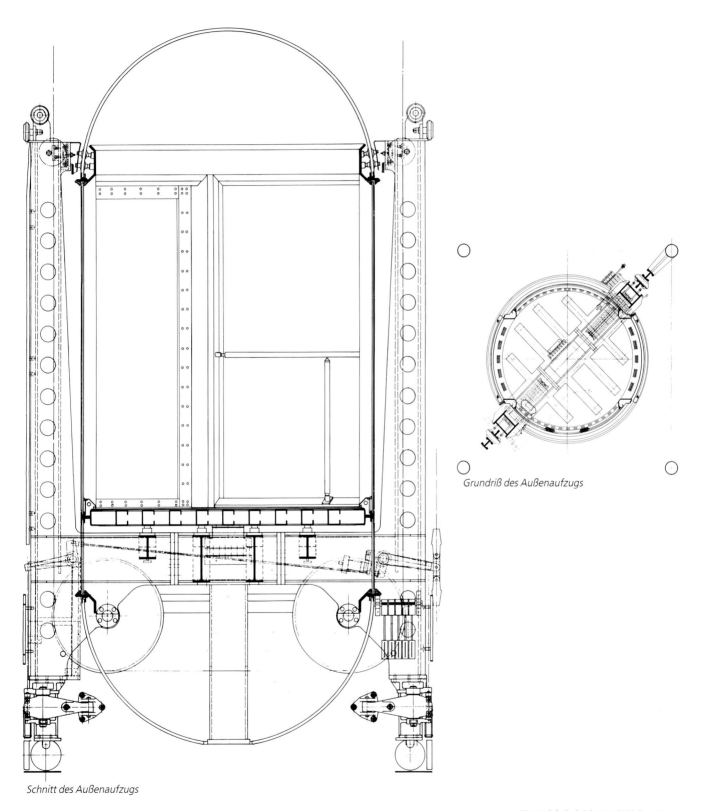

Grundriß des Außenaufzugs

Schnitt des Außenaufzugs

Kongreßzentrum · Toulouse · 1989

Schnittstudie

Alles in allem könnte Deslaugiers als Konstruktivist bezeichnet werden, allerdings nicht in einem ideologischen, sondern in einem pragmatisch-technischen Sinn, insofern er die dauerhaft führende Rolle der modernen Technologie in unserem Leben betont. Dieses Konzept kam einer ganzen Reihe seiner Projekte zugute. Darunter seinen Entwürfen für die Innenausstattung des Zentrums für Wissenschaft und Industrie in La Villette, seinem Regionalzentrum der Renaultwerke in Rouen-Baratin, seinem Erweiterungsbau des Gerichts in Nanterre und seinem Vorschlag für das Kongreßzentrum in Toulouse.

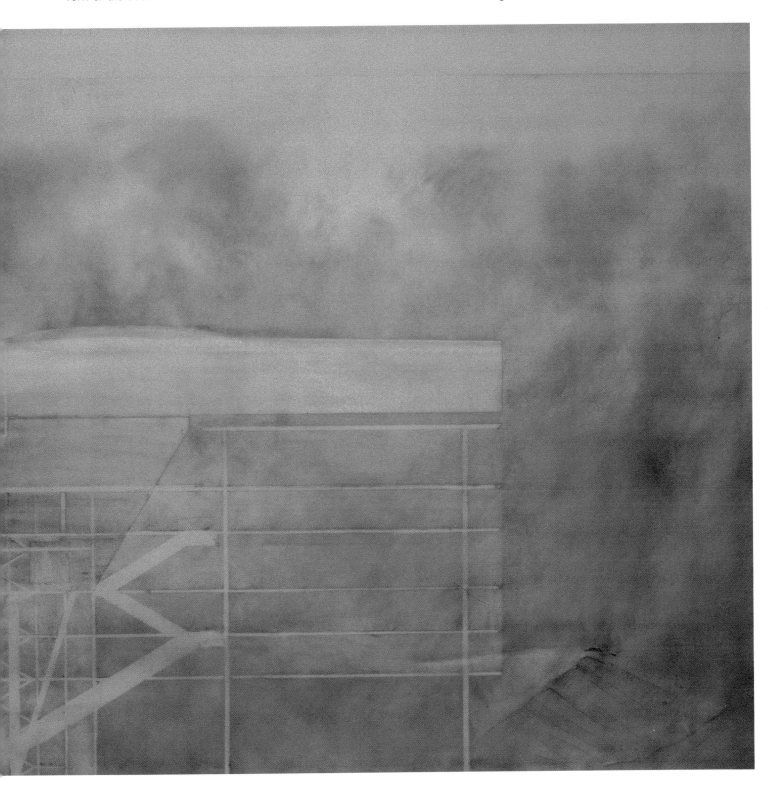

CHRISTIAN HAUVETTE
Regionale Rechnungskammer • Rennes • 1985

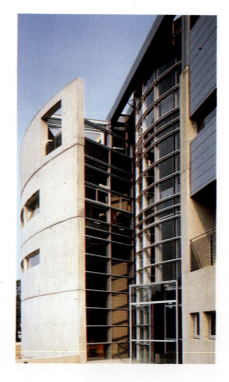

Christian Hauvette ist der wichtigste strukturalistische Architekt des heutigen Frankreich. Selber ein dezidierter Anhänger der Maschinenästhetik, bedauert er das allzu rasche Beiseiteschieben der strukturalistischen Bewegung in der Architektur. Letztlich bedeutet Baukunst für Hauvette, Bilder zu schaffen, die zwei verschiedene visuelle Botschaften übermitteln: eine im Geist des Strukturalismus, der, gestützt auf die Theorien von Laugier, Durand und Gaudet auf eine lange historische Tradition zurückblicken kann, und eine im Geiste deskriptiver, literarischer Motive, die zur Formulierung von „Entdeckungsreisen" der Benutzer im ganzen Gebäude dienen. Diese beiden Aspekte muß jedes Konzept berücksichtigen, das Anspruch auf Vollständigkeit erheben will. Die Architektur muß die funktionellen Parameter ebenso ausdrücken wie sie sich bemühen muß, die Möglichkeiten von Raum, Morphologie und Belichtung einfallsreich auszuschöpfen. Hand in Hand mit dem Versuch der konzeptionellen Klärung muß die Suche nach Ruhe und Frieden gehen, die nach Hauvettes Meinung Architektur stets ausströmen sollte. Die Hauptfeinde einer ruhigen, luziden Architektur sieht er in romantischem Überschwang, in stilistischen und ideologischen Extremen.

Hauvette zerlegt seine Entwürfe in eine Reihe von Schnittfolgen oder Schichtungen, d. h. er behandelt Betriebs- und Raumzonen, Konstruktionskomponenten, natür-

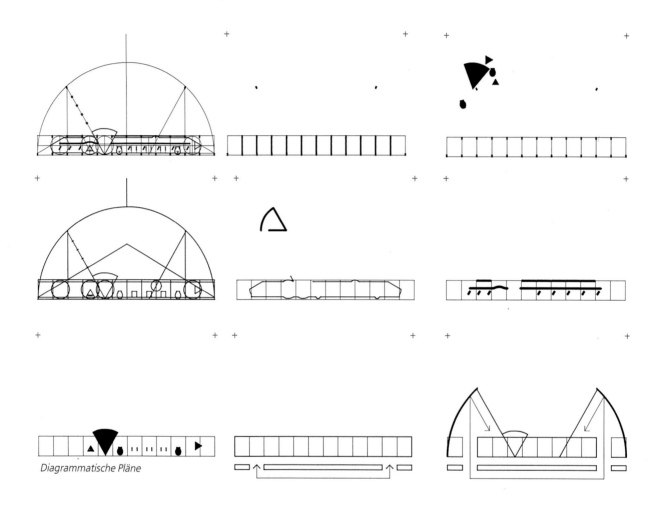

Diagrammatische Pläne

liche Belichtung, Struktur und Einfassung gesondert und setzt danach die einzelnen Komponenten wieder zusammen. Auf diese Art und Weise erhält er gewissenhaft kontrollierte, rationell strukturierte Szenarios, die sowohl künstlerischen als auch funktionellen Kriterien standhalten. Eine wichtige Rolle in seinem Werk spielen moderne Technologie und Baustoffe, wobei sich die Architektur seinen Beobachtungen nach bislang zu wenig um die unerhörten Fortschritte der Wissenschaft in Bereichen wie dem Flugzeugentwurf gekümmert hat. Seiner Meinung nach ist die Zeit gekommen, bessere Lösungen für das Zusammenspiel von künstlerischen und wissenschaftlichen Erkenntnissen zu suchen und die geeignetste Methode dafür scheint ihm der Strukturalismus zu sein. Das Ergebnis seiner Bemühungen ist eine Reihe großartiger Entwürfe, die durch angewandte Bautechnologie poetische Anliegen ausdrücken.

Die Standorte seiner jüngsten Bauprojekte waren in der Regel charakterlos und ohne morphologische oder historische Besonderheiten. Dennoch hat er es verstanden, durch große Architektur etwas daraus zu machen. Ein klassisches Beispiel dafür liefert seine prächtige Regionale Rechnungskammer auf

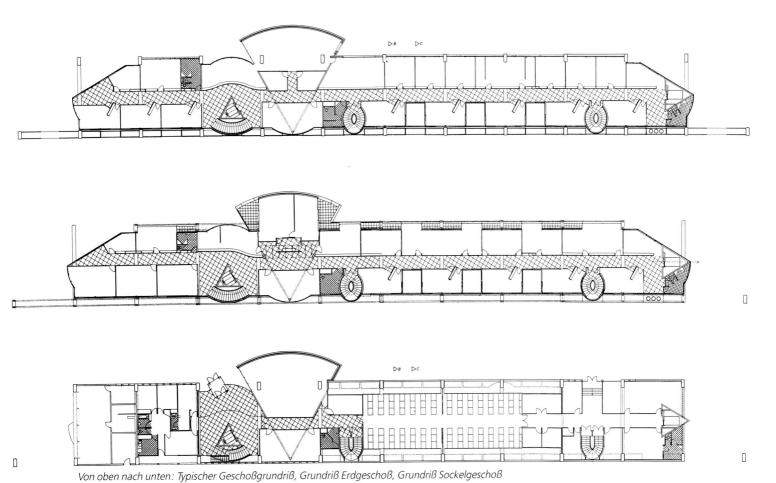

Von oben nach unten: Typischer Geschoßgrundriß, Grundriß Erdgeschoß, Grundriß Sockelgeschoß

einem physisch nichtssagenden Gelände in Rennes, ein freistehender Bau in Form eines langen, schmalen Schiffes aus Leichtmetall und Glas, der allein aufgrund seiner reichen Gliederung nicht zu übersehen ist. Das Innere ist dank einer Reihe transparenter Trennkonstruktionen und Wände außerordentlich gut belichtet, so daß hier regelrecht Gartenpflanzungen angelegt werden konnten.

Louis-Lumière-Schule für Filmkunst • Marne-la-Vallée • 1987

Auch die Umgebung von Hauvettes Louis-Lumière-Schule für Filmkunst in Marne-la-Vallée zeichnet sich durch keinerlei Besonderheiten aus. Das Gebäude besteht aus zwei parallel angeordneten Gliedern, die parallel zum benachbarten Boulevard verlaufen. Jedes der Glieder ist aus einer Reihe funktioneller und struktureller Schichten gebildet. Jede Schicht steht für eine bestimmte Funktion – Gang, Flachdach, innere Straße oder Brücke. Die lineare Anordnung unterstreicht die Präsenz des Komplexes am Boulevard und trägt darüber hinaus zu einer besseren Integration des Geländes in den städtischen Kontext bei.

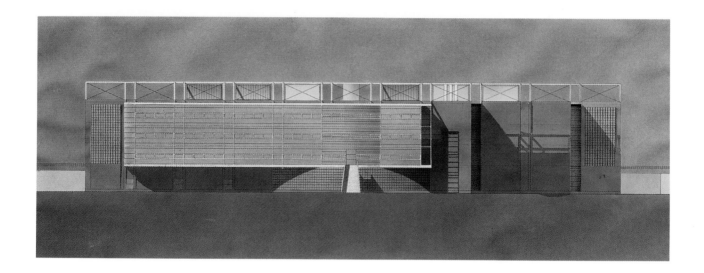

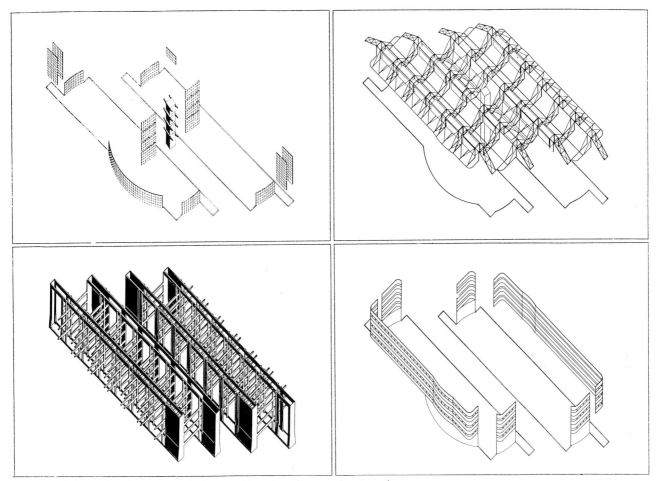

Axonometrische Studien: Beleuchtung, Dachkonstruktion, Tragrahmen und Ummantelung

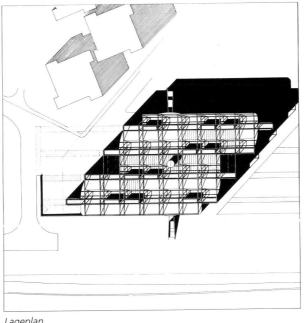

Lageplan

Rechts- und Wirtschaftsfakultät • Brest • 1982

Weithin bekannt ist Hauvettes Rechts- und Wirtschaftsfakultät in Brest. Inmitten einer Sammlung schlecht geplanter architektonischer Objekte gelegen, zeichnet sich der Bau durch eine raffinierte, geometrisch klare Komposition aus. Er liefert ein typisches Beispiel für Hauvettes rationale, in Schichten oder Schnittfolgen unterteilte Bauweise, bei der jede Zone eine bestimmte Aufgabe des Programms zu erfüllen hat. Beispielsweise ist die von Umfassungswänden eingeschlossene Nordseite Konferenzsälen, Verwaltungsräumen, Archiven vorbehalten, wo Abgeschlossenheit und Ruhe erforderlich sind. Im Gegensatz dazu wird die nach außen geöffnete Südseite für Lehr- und Forschungszwecke genutzt. Der durch die konkave Form des Komplexes geschaffene Außenraum wird für Aktivitäten im Freien genutzt. Auch der vertikale Aufbau folgt einer ähnlichen, funktionellen Schichtung.

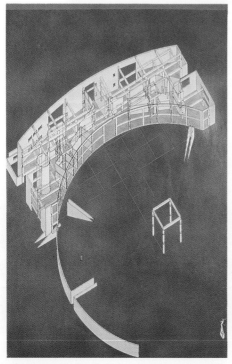

Technische Hochschule • Clermont-Ferrand • 1989

Hauvettes letztes und größtes Projekt, die Technische Hochschule von Clermont-Ferrand, kombiniert drei architektonische Grundtypen – eine Arena, ein zentrales Ausbildungszentrum und eine Gruppe kleiner Pavillons – auf faszinierende Weise. Zusammengehalten werden diese drei Komponenten mit Hilfe eines Rasters, der das Gelände in eine rationale Struktur aufgliedert. Auch dieses Projekt wird in moderner Technologie mit streng modernen Baustoffen – Metall und Glas – ausgeführt und damit zu einem Beispiel industrieller Ästhetik werden.

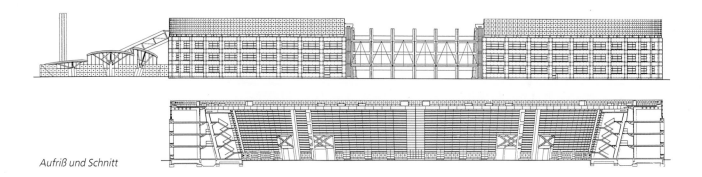

Aufriß und Schnitt

Lageplan

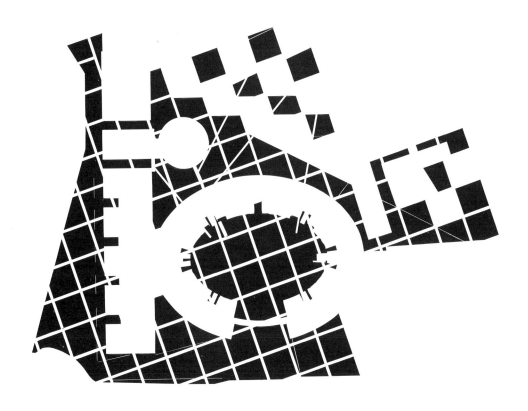

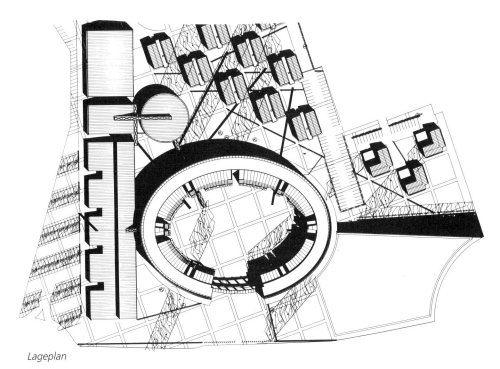

Lageplan

JACQUES HONDELATTE
Rathaus und Park • Léognan • 1984

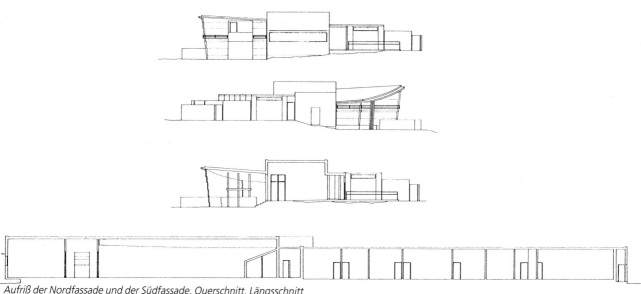

Aufriß der Nordfassade und der Südfassade, Querschnitt, Längsschnitt

Jacques Hondelatte, der in Bordeaux lebt und arbeitet, fühlt sich von der Pariser Architektengemeinschaft zwar etwas abgeschnitten, sieht in einer Existenz in der Provinz aber auch Vorteile. So beschert ihm das Leben in Bordeaux vor allem geistige Unabhängigkeit, auch wenn er sich hier erst später über die Region hinaus einen Namen machen konnte.

Hondelatte glaubt an die Vielschichtigkeit der Architektur, an Pluralismus und Mehrdeutigkeit, die ihn aufgrund ihrer poetischen Möglichkeiten faszinieren. Zu Beginn eines jeden Designprozesses untersucht er eine Vielzahl von Aspekten – soziologischer, literarischer, symbolischer, technologischer, funktioneller und historischer Art. Obwohl er die Technologie offensichtlich schätzt und auf einfallsreiche, futuristische Weise einzusetzen versteht, darf man mit Sicherheit annehmen, daß ihm die künstlerische Seite der Architektur mehr am Herzen liegt. So illustriert er seine Projekte anhand ganzer Abfolgen evokativer Bilder, für die er auch bereits bekannt ist, während er einem exzessiven Gebrauch visueller Medien zurückhaltend, ja vielfach sogar skeptisch gegenübersteht. Ästhetisch schöne Zeichnungen hält er für leicht irreführend, da sie von dem zu bauenden Produkt einen falschen Eindruck vermitteln können. Die Zeichenkunst ist ihm nur insofern wichtig, als sie ihm ermöglicht, seine noch nicht ausgereiften Vorstellungen und Überlegungen auf stimulierende Weise graphisch darzustellen. Denn da alle seine Projekte auf narrativen Themen und Szenarios aufbauen, ist es für ihn ganz unerläßlich, seine Ideen erst einmal malerisch einzufangen, ehe er zu technischen Entwürfen schreiten kann. Seine Ideen und Entwürfe betrachtet er als ein Ringen um Befreiung von akademischen Konzepten und Theorien, vom pragmatischen Funktionalismus, von historischen Interpretationen und städtebaulichen Zwängen.

Das beste Beispiel für Hondelattes Art und Weise, einen Entwurf anzugehen, liefert sein Projekt für das Rathaus und den Park in Léognan, südlich von Bordeaux. In

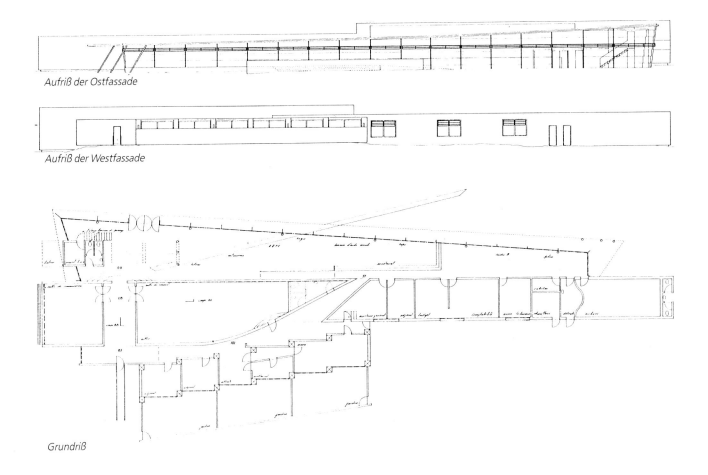

Aufriß der Ostfassade

Aufriß der Westfassade

Grundriß

diesem Dorf, das ihm zunächst recht gewöhnlich vorkam, entdeckte er bei näherem Hinsehen verschiedene Elemente wie alte Häuser, eine alte Kirche sowie etliche Ruinen von einem außerordentlich pittoresken Charakter. Diese Entdeckung regte ihn an, der bereits vorhandenen Kollektion von Fragmenten eine neue Sammlung erfundener Elemente hinzuzufügen. Beispielsweise Fahnen, Büsten berühmter Persönlichkeiten und politische Inschriften in Zusammenhang mit dem neuen Rathaus, um den geheimnisvollen Charakter des Parks durch weitere Überraschungen noch zu erhöhen. Trotz des angestrebten pittoresken Effekts sind diese neuen Objekte in Form und Materialien vollständig modern konzipiert. Durch diese Neonröhren, Aluminium- und Stahlkomponenten wird der Eindruck einer nicht von Nostalgie nach historischen Bildern, sondern durch poetische Sehnsucht bedingten modernen Zersplitterung erzeugt. Ein ähnliches Gefühl von Zufall und dynamischer Freiheit soll das Rathaus wecken, das in seinem Erscheinungsbild an einen Flugzeugflügel erinnert und als fliegendes Objekt nur vorübergehend mit seinem Standort vereint zu sein scheint. So ist die ganze Komposition eine Projektion dessen, was Hondelatte bezeichnend für die Moderne erscheint: Unstofflichkeit, Luftigkeit und Dynamik.

122 JACQUES HONDELATTE

Kurbad Lechère Savoyen • 1986

Ein weiteres Beispiel für Hondelattes sensiblen poetischen High-Tech-Stil liefert die Neugestaltung des Kurbads in Lechère im Tarentaise-Tal mit seinen heißen Mineralquellen. Inmitten von Wohn- und Industrieanlagen gelegen, erschien Hondelatte der Standort mit seinen programmatischen Möglichkeiten als wunderbare Gelegenheit, eine Reihe anregender poetischer Lösungen und Effekte einzuführen. Er beschloß, die vorhandenen Anlagen mit neuen zu kombinieren, dem neuen Kurhaus eine Außenhaut aus Spiegelglas zu geben, die die Gebirgsszenerie widerspiegelt, den Portikus der Hauptfront als umgrünte Pergola zu behandeln, eine Hängebrücke über die Isère zur Quelle zu führen, Kräne und Anlagen der Pumpstation hinter einer Glaseinfassung als Maschinenausstellung in der Natur optisch zugänglich zu machen und eine Reihe von Skulpturen freizügig über die benachbarten Wälder und Berge zu verteilen. Das angestrebte Ziel ist, das Sublime durch zeitgenössische Mittel zu erzielen und so ein Stück technologischer Romantik zu schaffen.

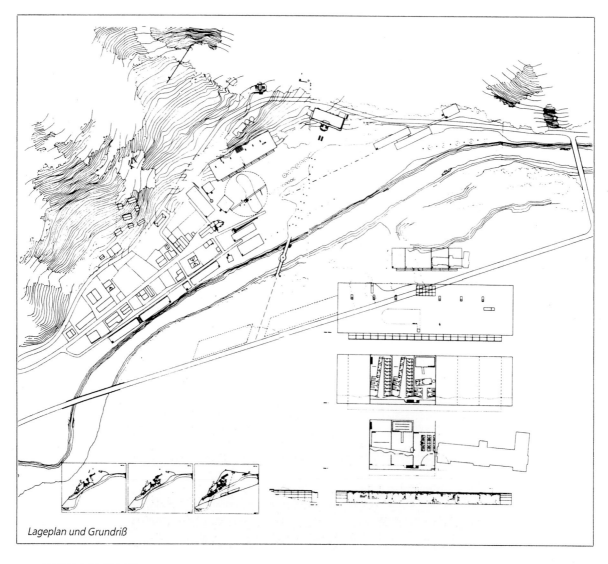

Lageplan und Grundriß

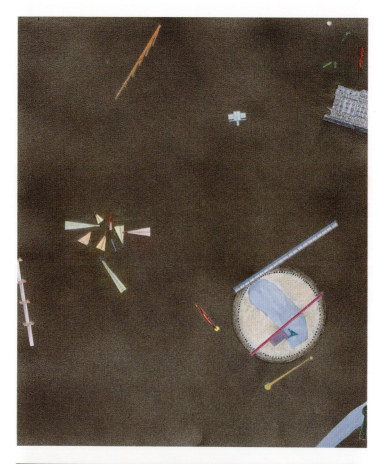
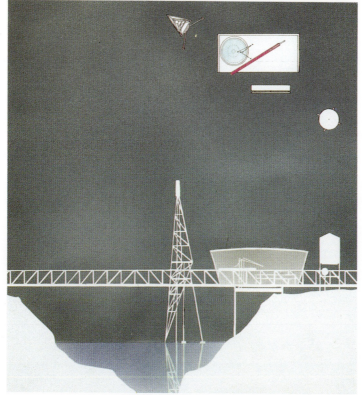

126   JACQUES HONDELATTE

JACQUES HONDELATTE

Wohnungsbau • Coutras • 1984

Auch durch Entwürfe für den öffentlichen Wohnbau ließ sich Hondelatte nicht an der Erkundung poetischer Themen und Anliegen hindern. Ein gutes Beispiel dafür ist seine Wohnanlage für die kleine Gemeinde Coutras. Hier verwandte er zur Strukturierung des Projektkonzepts eine Reihe optischer Metaphern und spielerischer Variationen optischer Assoziationen: Treppen aus Textil, Badewannen in Form von Swimmingpools, Sanitäranlagen, die an Maschinenhallen erinnern und schließlich, um das Bedürfnis nach Offenheit und Geräumigkeit zu unterstreichen, zweistöckige, „schwebende" Appartements. Nach dem Entwurf haben die Gebäude eine schlichte, aufs Minimum beschränkte, geschlossene Fassade auf der Nordseite und einen vielschichtigen Aufriß aus Glas-, Aluminium- und Stahltafeln an der Südseite, um das Licht besser in die Innenräume zu filtern und einen Übergang von außen nach innen zu schaffen. In den zweigeschossigen Wohnungen fallen „schwebende", d. h. schwenkbare, in verschiedenen Winkeln feststellbare Sanitärinstallationen und Staueinrichtungen auf, die Platz sparen helfen und verschiedene zweckdienliche Kombinationen auf beschränktem Raum ermöglichen.

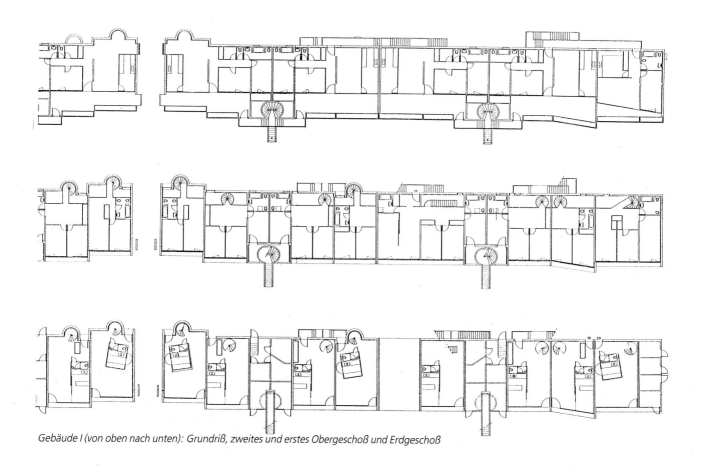

Gebäude I (von oben nach unten): Grundriß, zweites und erstes Obergeschoß und Erdgeschoß

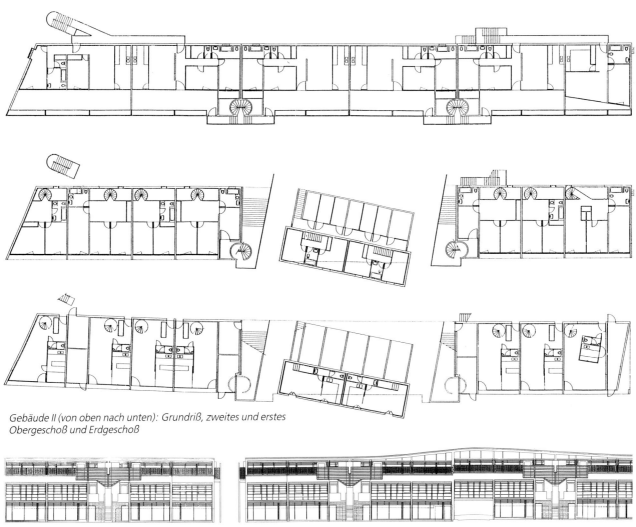

Gebäude II (von oben nach unten): Grundriß, zweites und erstes Obergeschoß und Erdgeschoß

Fassadenaufriß

Wohnkomplex Le Foyer de la Gironde • Bordeaux • 1987/88

Ein weiteres Beispiel für Hondelattes Bestreben, sich auch bei Entwürfen für erschwingliche Wohnungen etwas Neues einfallen zu lassen, liefert sein Projekt für die Wohnbaugenossenschaft Foyer de la Gironde in Bordeaux. Bei diesem Projekt in der Nachbarschaft der Universität Bordeaux handelt es sich um eine gemischte Wohnform für Studenten und Familien. Im Interesse wirtschaftlichen Bauens schlägt Hondelatte für jedes Gebäude nur einen Wohnungstyp vor. Dieser soll zwei Geschosse umfassen, von denen jedes mit einem System schwebender Sanitärinstallationen und Staueinrichtungen und einem System durchsichtiger Trennkonstruktionen ausgestattet ist, um ein Gefühl größerer Weiträumigkeit zu vermitteln. Die Häuser selbst sind einfache, kompakte, lineare Volumen und in ungezwungener, spontaner Weise über das Gelände verteilt. Dynamisch an dem Projekt ist das „Labyrinth" ineinander übergehender Verbindungsgänge und Flachdächer, nach Hondelattes Erwartungen eine Art geselliger Bereich. Im übrigen belegen diese Freiluftzonen seine Überzeugung, daß, wie beschränkt die Mittel für ein Programm auch immer sein mögen, die Bewegungsfreiheit mit ihren Entdecker- und Erkundungsfreuden eine fundamentale, unabdingbare Komponente unserer gegenwärtigen baulichen Bedürfnisse darstellt.

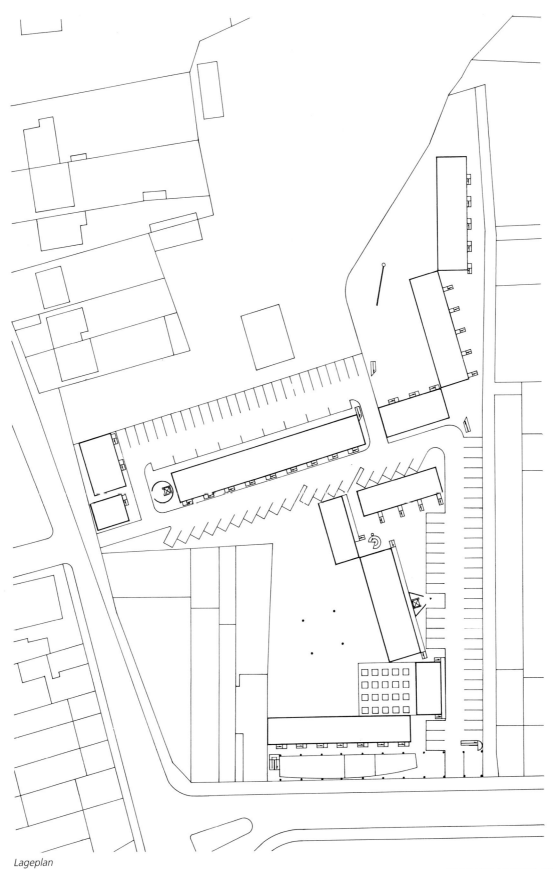

Lageplan

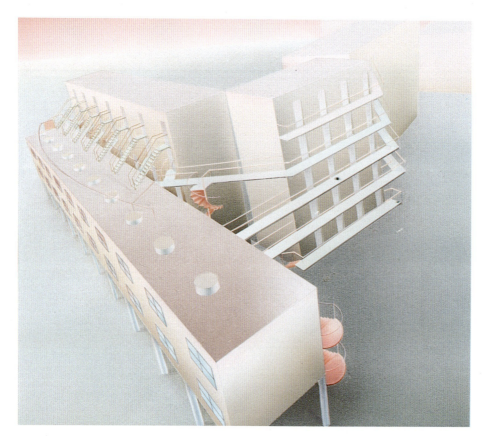

JOURDA UND PERRAUDIN
Privathaus • Lyon • 1987

Kennzeichnend für das Werk von Françoise Jourda und Gilles Perraudin ist eine aus den wesentlichen architektonischen Archetypen abgeleitete Mannigfaltigkeit. Die Tendenz, von bestimmten historischen Ordnungsbegriffen – wie Hierarchie, Symmetrie, Axialität, funktioneller und struktureller Klarheit – auszugehen, kann als Richtschnur ihrer Entwürfe gelten. Beide Architekten berufen sich gern auf das Werk von Louis Kahn, um zu unterstreichen, daß jede Architektursprache im wesentlichen von funktioneller und formaler Integrität bestimmt sein sollte. Bei genauerer Betrachtung ihrer Entwürfe sind die hinter ihren Bauten stehenden Organisationsprinzipien leicht zu erkennen.

Eine wunderbar einfache und doch überzeugende Idee bringt das Privathaus von Jourda und Perraudin in Lyon zum Ausdruck, das im Grundkonzept das Thema von Le Corbusiers Züricher Heidi-Weber-Pavillon abwandelt: eine Reihe von Pavillons unter einem frei schwebenden Dach. Das Haus wurde um ein lineares Konstruktionssystem aus Metall„bäumen" entworfen, die ein durchsichtiges Polyesterzelt tragen. Unter diesem Schirm sind eine Reihe identischer Holzzellen linear aneinander gereiht. Diese umschließen eine Reihe von Wohnräumen, die dank beweglicher Trennkonstruktionen auf verschiedene Weise arrangiert werden können. Die Nordseite ist aus Standortgründen gänzlich geschlossen, die Südfassade dagegen vollständig offen, was eine Mies'sche Raumtransparenz und ein optisches Eindringen des Gartens ins Hausinnere zur Folge hat.

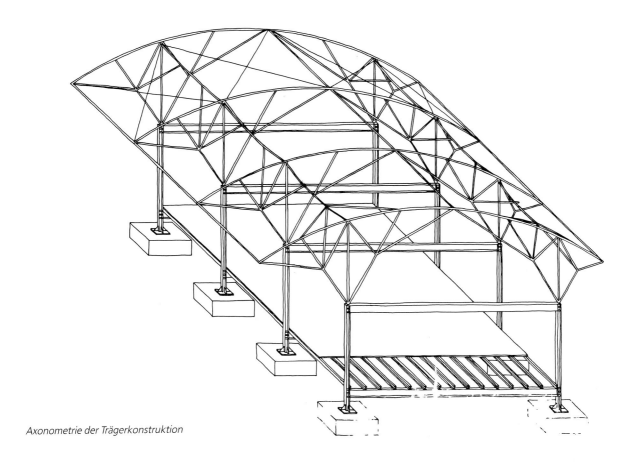

Axonometrie der Trägerkonstruktion

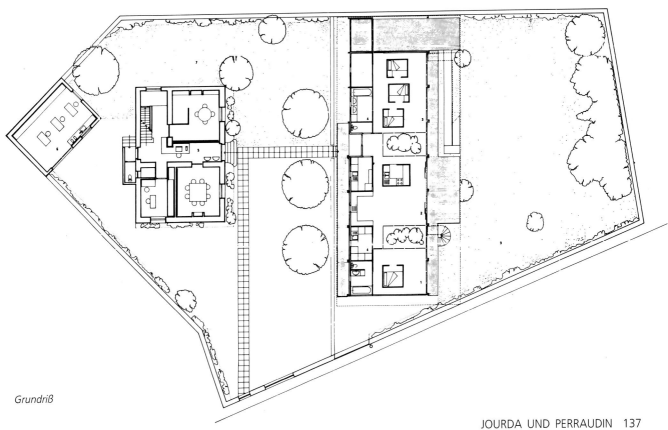

Grundriß

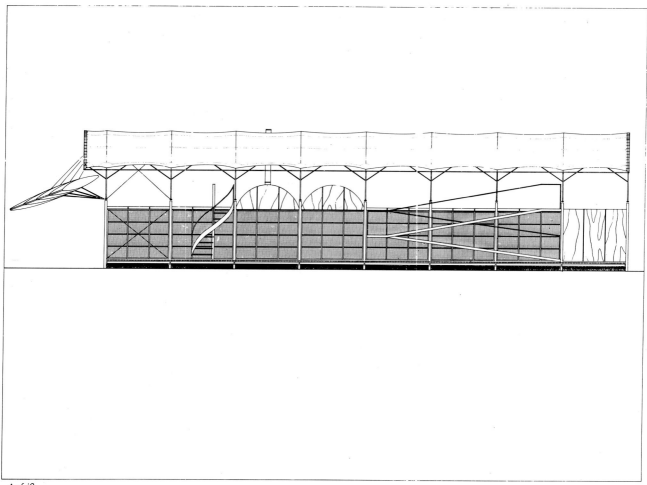

Aufriß

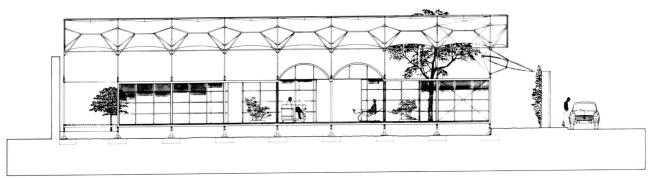
Schnitt

Architekturfakultät • Lyon • 1982

Zu Jourdas und Perraudins bekanntesten Werken gehört die 1988 vollendete Architekturfakultät in Lyon. In diesem Entwurf kommen verschiedene philosophische, formale und didaktische Prinzipien klar zum Ausdruck. Das von Louis Kahns formalem Vokabular stark beeinflußte Gesamtkonzept besteht aus zwei deutlich voneinander abgesetzten Baukörpern: einem langen als Unterrichtstrakt dienenden Gebäude und einem halb zylindrischen Bau, in dem die Verwaltungs- und Fakultätsbüros untergebracht sind. Die beiden Volumen sind durch ein zentrales, von Trägern überspanntes Feld miteinander verbunden, das als innerer Verbindungsweg für die gesamte Anlage dient. Der lange Flügel der Schule zerfällt funktionell und symbolisch in zwei Teile: das Erdgeschoß, das nach außen durch schwere Bögen gekennzeichnet ist und die Hörsäle, die Seminar- und Bibliotheksräume enthält; und die Obergeschosse, einen ultraleichten transparenten Überbau, in dem die offenen Designstudios untergebracht sind und Designideen entwickelt und debattiert werden sollen. Durch die individuelle Definition der einzelnen Teile und die Kombination funktioneller, technischer und poetischer Bilder wird das Bauwerk zu einem wunderbaren Symbol für Dauer und Beständigkeit, Fluß und Vergänglichkeit, Schwere und Leichtigkeit, Geschlossenheit und Offenheit, Festigkeit und Flexibilität. Und dazu kommt dank des auf klassischen symmetrischen, axialen Prinzipien aufbauenden Gesamtkonzepts noch eine große Klarheit und substantielle Präsenz.

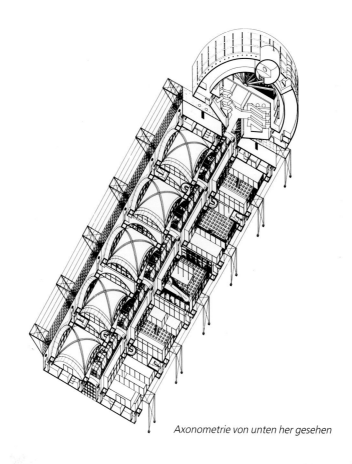

Axonometrie von unten her gesehen

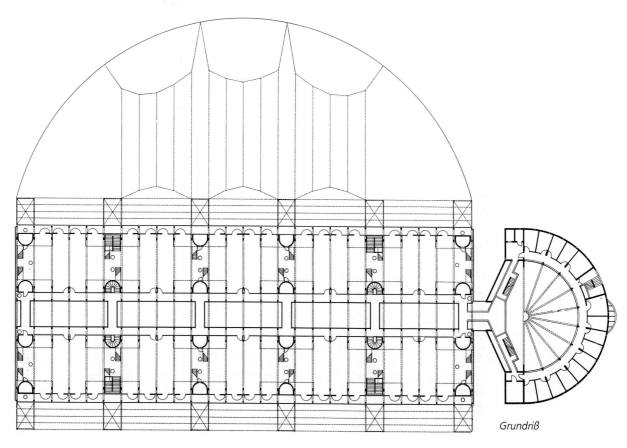

Grundriß

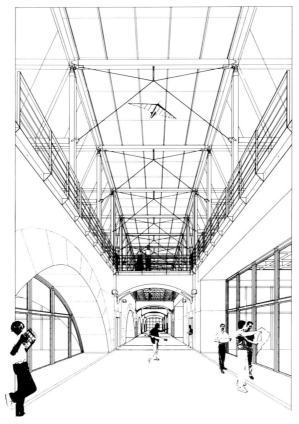

Perspektivische Innenansicht

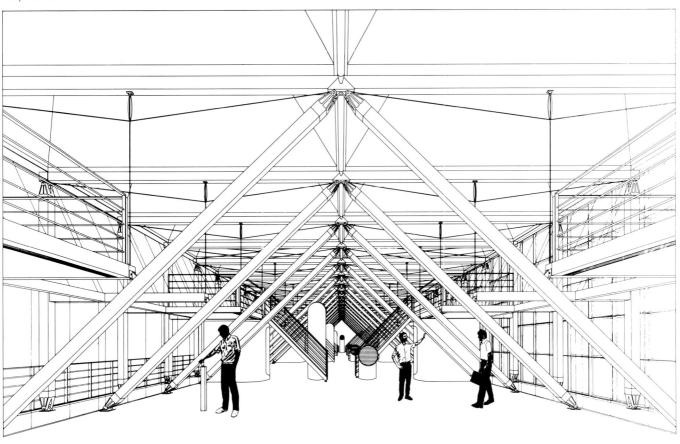

Perspektivische Innenansicht

Gedächtnisausstellung • Lyon • 1987

In der für die Dauer einer Gedächtnisausstellung zur Erinnerung an gewisse Vorkommnisse im Zweiten Weltkrieg in der Innenstadt von Lyon errichteten Konstruktion von Jourda und Perraudin wird der Einfluß Mies van der Rohes deutlich. Der Bau, ein strenger platonischer Kubus, besteht aus zwei Schichten, einem zartgliedrigen Raumfachwerk und einer einfachen Innenhaut, die den Innenhof einschließt. Das Ergebnis ist trotz der auf ein Minimum reduzierten Form ein wahrhaft monumentales Objekt, das seine Funktion auf höchst eindrucksvolle und poetische Weise symbolisiert.

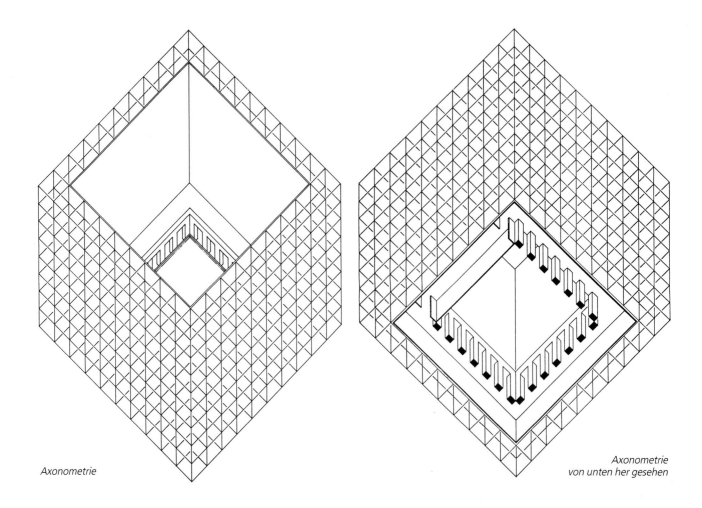

Axonometrie

Axonometrie von unten her gesehen

JOURDA UND PERRAUDIN

Metrostation Parilly • Lyon • 1989

Noch ein anderes Werk von Jourda und Perraudin greift auf renommierte historische Quellen zurück: die Metrostation Parilly in Lyon, eine unterirdische Höhle, deren Betongewölbe an die organischen Vokabularien eines Antoni Gaudí und der späteren Vertreter der organischen Architekturtheorie erinnern. Aufgabe der geneigten Säulen, die den Eindruck eines aus der Erde „ausgehöhlten" Raumes noch vertiefen, ist es, ein später geplantes Bürogebäude über der Station zu stützen. Mit dieser Konstruktion haben Jourda und Perraudin eine einzigartige Form der Moderne gefunden. Weit davon entfernt, mit den Theorien und Traditionen der Vergangenheit zu brechen, erfüllen sie die Erfordernisse des modernen Zweckbaus und der zukunftsweisenden Technologie durch die Anpassung früherer typologischer Modelle an neue konzeptionelle Möglichkeiten. So vermitteln all ihre Projekte den Eindruck eines raffinierten Traditionalismus, der gleichzeitig erfrischend neu und originell wirkt. Damit haben Jourda und Perraudin auch den Beweis erbracht, daß die Architektur nicht auf heroische Vorstellungen angewiesen ist, um super-modern zu sein, sondern die vorgefundene Kultur fortführen kann.

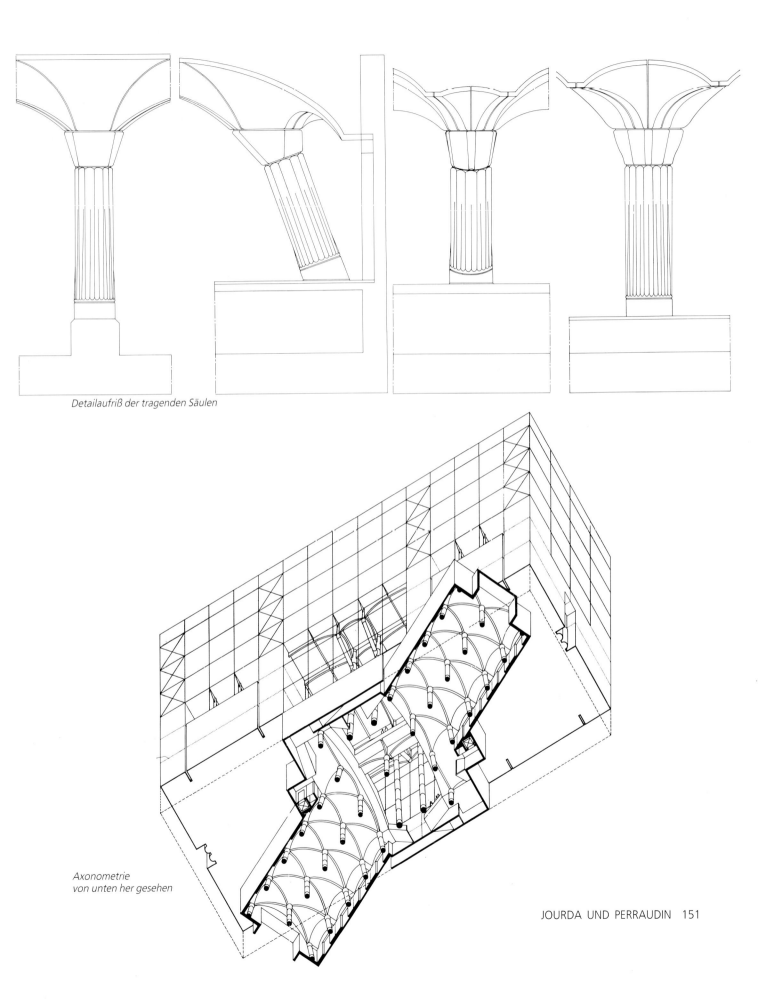

Detailaufriß der tragenden Säulen

Axonometrie
von unten her gesehen

JOURDA UND PERRAUDIN

JEAN NOUVEL
Institut der Arabischen Welt zusammen mit Gilbert Lezènes, Pierre Soria und Architecture Studio • *Paris* • *1981–88*

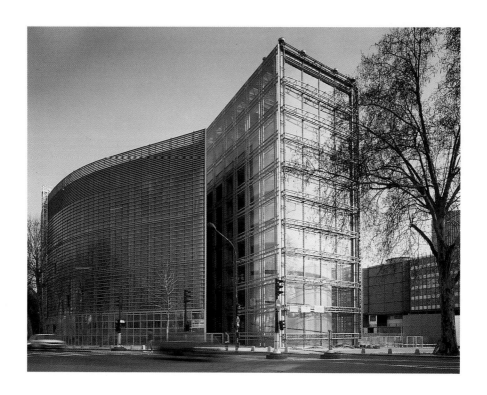

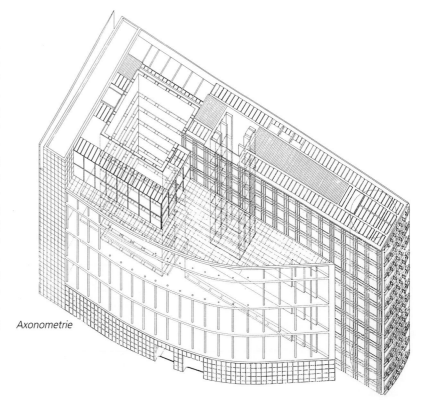

Axonometrie

Jean Nouvels Name ist heute gleichbedeutend mit dem Institut der Arabischen Welt in Paris, für das er 1987 mit dem Grand Prix der französischen Architektur ausgezeichnet wurde. Dieses Meisterwerk der jüngsten Architektur macht deutlich, daß es Nouvel um vier Punkte geht: Einfügung in den baulichen Kontext, städtische Kultur, ein kulturelles Image und Technologie. Im Fall des Instituts der Arabischen Welt sind alle diese Anliegen mit geistiger Kühnheit und architektonischer Präzision kombiniert. Nouvel und seine Kollegen bewiesen eine für damalige Verhältnisse einzigartige Fähigkeit: ein ultramodernes Objekt in

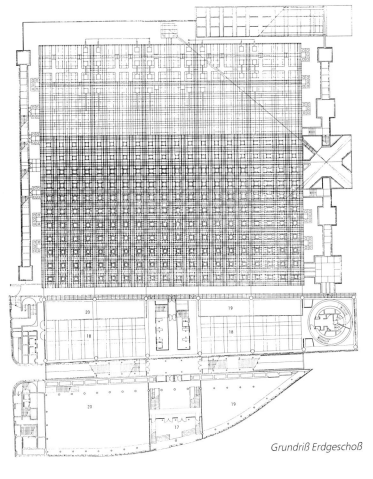

Grundriß Erdgeschoß

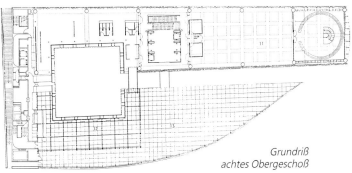

Grundriß achtes Obergeschoß

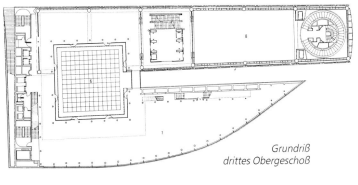

Grundriß drittes Obergeschoß

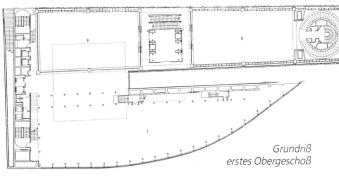

Grundriß erstes Obergeschoß

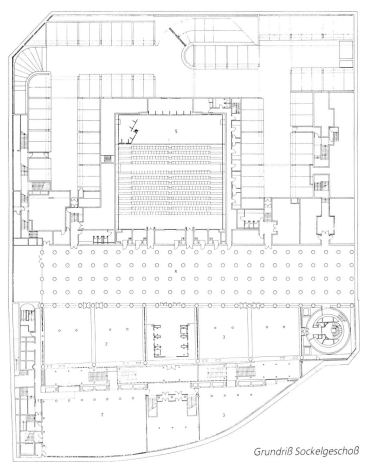

Grundriß Sockelgeschoß

eine Nachbarschaft mit vielen historischen Zügen formal einzugliedern. Seit dem Centre Pompidou, das sogar viele von der Unmöglichkeit, technologisch inspirierte Architektur in eine historische Umgebung zu integrieren, überzeugt hatte, war das Institut der Arabischen Welt die erste wirklich geglückte Lösung dieses Dilemmas. Im übrigen bestätigten auch Nouvels spätere Projekte sein Talent, optisch eindrucksvolle Konzepte in Übereinstimmung mit dem Umraum auszuarbeiten.

JEAN NOUVEL

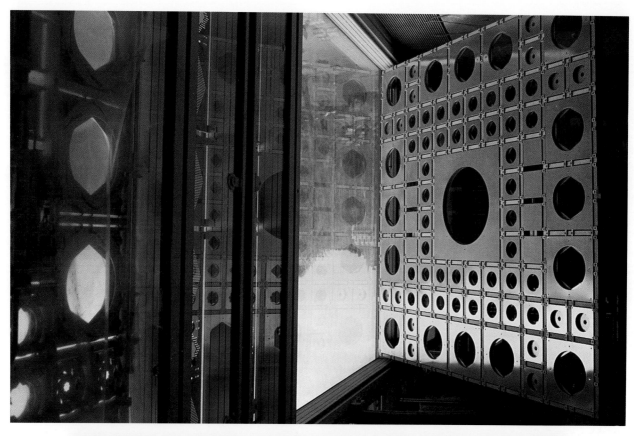
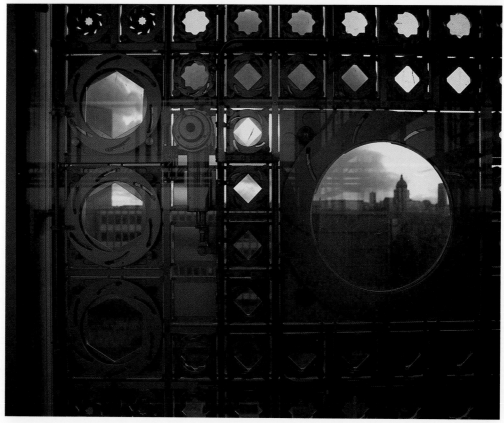

Gesundheits- und Schönheitszentrum • Vichy • 1988

Ein weiteres Beispiel für die geglückte Integration eines modernen Baukörpers in einen alten Kontext – in diesem Fall zwei konvergierende Parkanlagen – liefert Nouvels Projekt für das Gesundheits- und Schönheitszentrum in Vichy, dem für sein Mineralwasser und seine Bäder bekannten französischen Kurort. Das ganz aus Glas (genauer: aus fünfunddreißig verschiedenen Sorten Glas) erbaute Zentrum soll ein Hotel, medizinische Einrichtungen und Bäder enthalten. In seiner Form einem gigantischen gläsernen Hangar vergleichbar, wird es außerdem eine Grünanlage umschließen. Hotel und medizinische Anlagen werden in den vertikalen Wänden, die Bäder im Dach des Hangars untergebracht. Die optische Transparenz des Baus, symbolischer Ausdruck für die schimmernde Landschaft der Umgebung, trägt wesentlich zur Eingliederung des Objekts in seine Umwelt bei.

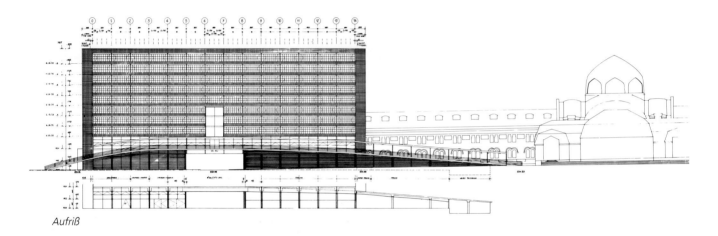

Aufriß

Perspektivische Innenansicht

JEAN NOUVEL 161

Wohnanlage Nemausus • Nîmes • 1987

Eine ebenso aussagekräftige moderne Sprache sprechen vielfach auch Nouvels Wohnbauprojekte. Besonders zwei seiner Entwürfe, seine Nemausus-Wohnanlage in Nîmes und eine Wohnkolonie in Saint-Quen bei Paris. In beiden Fällen war das Hauptproblem, eine möglichst große Wohnfläche zu schaffen. Allein durch den Verzicht auf die herkömmlichen inneren Treppenhäuser, d. h. durch die Verlegung des Personenverkehrs nach außen, konnte Nouvel die Fläche der einzelnen Wohnungen fast um dreißig Prozent vergrößern. Was die Konstruktion selbst betrifft, so waren beide Komplexe als hochmoderne Industriebauten geplant. Viele Teile kamen aus den Katalogen der Metallindustrie. Wichtig war Nouvel auch, ein eindrucksvolles optisches Bild zu schaffen: zwei von Piloten getragene parallel laufende, über den Baumwipfeln schwebende Glieder mit charakteristischen, vorkragenden Dachschirmen als Sonnenblenden für die Dachmansarden, aufgesattelten Treppen und Terrassen. Die metallischen Flächen und die Transparenz greifen in erfrischender Weise das Bild einer dynamischen „Wohnmaschine" wieder auf, das wir jetzt voll und ganz realisieren können.

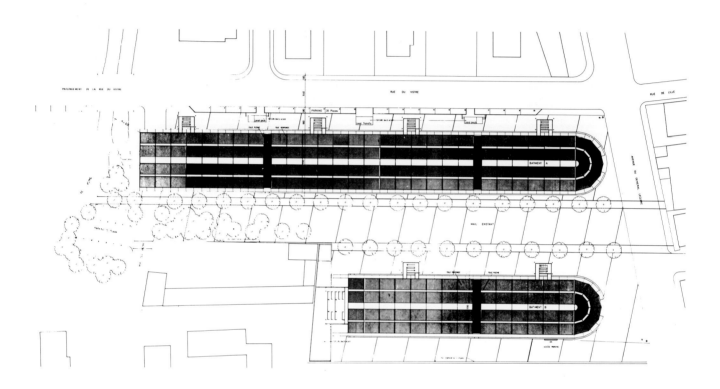

Lageplan

Perspektivische Außenansicht

Triangle de Folie • Paris • 1989

Nouvels jüngstes Projekt für das Triangle de Folie, ein 400 Meter hoher Turm, der auf einem winzigen dreieckigen Gelände nordwestlich von der Grande Arche von La Défense in Paris errichtet werden soll, stellt den Versuch dar, den funktionellen und formalen Erfordernissen eines unglaublich beschränkten Standorts gerecht zu werden und ein Objekt in den Kontext einer ganzen Stadt zu integrieren (der Turm soll von allen strategischen Bereichen der Pariser Innenstadt aus zu sehen sein). Die zylindrische Konstruktion entspringt aus einer mit schwarzem Granit ausgekleideten tiefen Grube, die bis ins Erdinnere hinunterzureichen scheint, und endet in einem 49 Meter hohen hohlen Zylinder, durch den die „Wolken ziehen könnten". Durch die Verwendung unterschiedlicher Materialien wird die vertikale, himmelwärts strebende Bewegung des zylindrischen Schafts noch unterstrichen.

Diese poetische Behandlung einer pragmatischen Aufgabe ist typisch für Nouvel. Nach der Fertigstellung dürfte der Turm zu den spektakulärsten Turmbauten nach dem Zweiten Weltkrieg gehören und Paris um ein Baudenkmal von signifikanter symbolischer Bedeutung reicher sein.

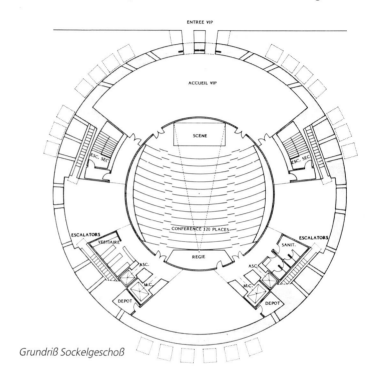

Grundriß Sockelgeschoß

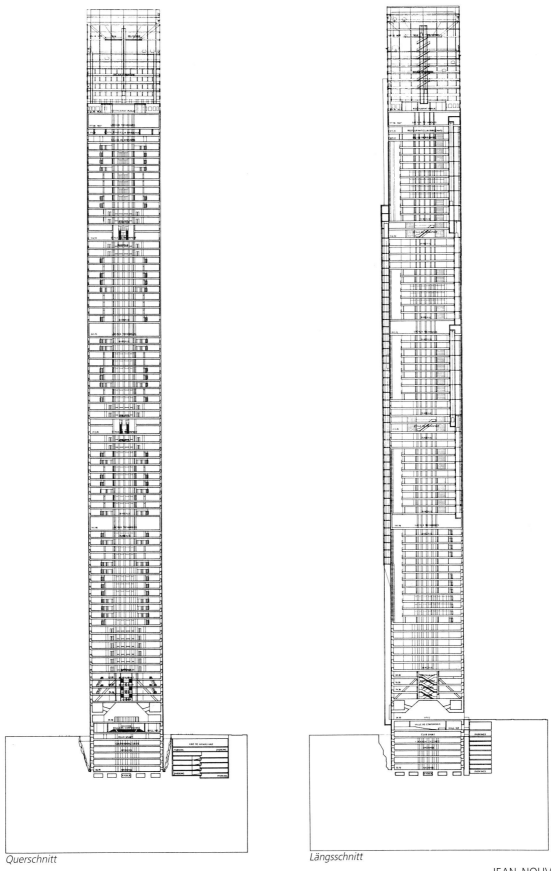

Querschnitt *Längsschnitt*

DOMINIQUE PERRAULT
Technische Hochschule für Elektrotechnik und Elektronik (ESIEE) • Marne-la-Vallée • 1984

1987 wurde mit der Technischen Hochschule für Elektrotechnik und Elektronik (ESIEE) ein recht bemerkenswerter Bau fertiggestellt. Auftraggeber war die angesehene Pariser Handels- und Industriekammer, ein Kunde, dem sehr viel an einem modernen Image gelegen war. Das Gebäude sollte im Industriegebiet Descartes von Marne-la-Vallée errichtet werden. Als Architekt wurde der junge Dominique Perrault ausgewählt, dessen erster wichtiger Auftrag es war, und dem hier ein bedeutender Schritt in Richtung High-Tech-Architektur gelang. Der 350 Meter lange Bau, eine geneigte Metallfläche, erinnert an einen Flugzeugflügel. Am äußeren Rand läuft der Hauptverbindungsgang entlang, auf den auch eine Reihe kleiner, senkrecht angebauter Pavillons stößt. Dank ihrer weißen Aluminiumverkleidung ist die ganze Anlage eine einzige leuchtende, das Licht zurückstrahlende Komposition von einer bemerkenswert durchgängigen Transparenz, ein großzügiger Bau aus einem Guß, der die Illusion erzeugt, als gäbe es hier keinerlei Details. Architektonisch bestens integriert und von schwebender Leichtigkeit, erweckt das schöne, elegante Bauwerk, das auch in Perraults Entwicklung als Architekt eine wichtige Stufe darstellt, ein Gefühl von Klarheit, Glanz und Glätte – kurzum, es verkörpert eine wahre Maschinenästhetik.

Bibliothèque de France • Paris • 1989

Seine nüchterne, zurückhaltende Art trug Perrault vor kurzem im Verein mit seinem Fingerspitzengefühl den ersten Preis beim Wettbewerb für die Bibliothèque de France ein. Nirgendwo sonst wird seine Auffassung von Gebäuden als integrierter Teil der landschaftlichen Umgebung deutlicher als bei diesem Bibliotheksprojekt, bei dem er gleichzeitig die schon in früheren Entwürfen angeschlagenen Themen wieder aufgreift. Auch hier wieder spielen Lichtdurchlässigkeit und Diffusion für funktionelle und symbolische Zwecke eine wichtige Rolle. Darüber hinaus soll das Gebäude des Nachts als Leuchtpunkt eine geistige und symbolische Botschaft verkünden. Die durch die Glasarchitektur ermöglichte große Offenheit und Transparenz sind für Perraults Themen, vor allem aber für das aussagekräftige Symbol des geräumigen zentralen Hofs, der mit seiner lebendigen Natur als Herz des Komplexes gelten kann, von entscheidender Bedeutung.

In Perrault stoßen wir auf einen Architekten, der sowohl vom Instinkt als auch vom Intellekt her imstande ist, das Beste der gotischen und klassizistischen Tradition der französischen Architektur mit Hilfe der modernen Technologie auszudrücken, ohne in platte historische Nachahmung zu verfallen. Die Klarheit seiner Vision demonstriert, was Technologie selbst in einem Zeitalter architektonischer Verwirrung, Rhetorik und Willkür vermag.

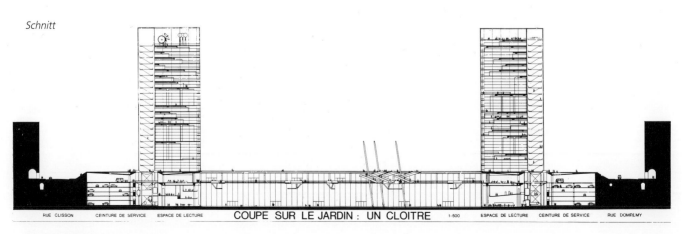

Schnitt

PLAN NIVEAU ACCUEIL - ENTRE SEINE ET JARDIN 1:500

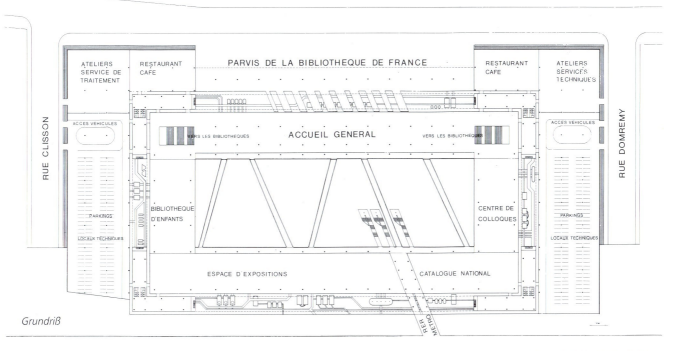

Grundriß

Industriegebäude • Ivry-sur-Seine • Paris • 1986

Perrault hat die im ESIEE Entwurf angewandten Konzeptionen konsequent fortgeführt und bei einer Vielzahl anderer Projekte wieder aufgegriffen. So auch bei dem Industriegebäude in Ivry-sur-Seine, dem USINOR/SACILOR Konferenzzentrum in Saint-Germain-en-Laye, bei einer Wasseraufbereitungsanlage, ebenfalls in Ivry-sur-Seine, und beim Siège de Canal, einem Verwaltungsgebäude in Paris. Abgesehen von ihrer Einfachheit, Klarheit und Rationalität demonstrieren diese Entwürfe Perraults „Bestreben, die schönsten Gebäude der Welt" zu schaffen, in seinen Augen die fundamentalste Pflicht eines jeden Architekten.

USINOR/SACILOR Konferenzzentrum • Saint-Germain-en-Laye • 1989

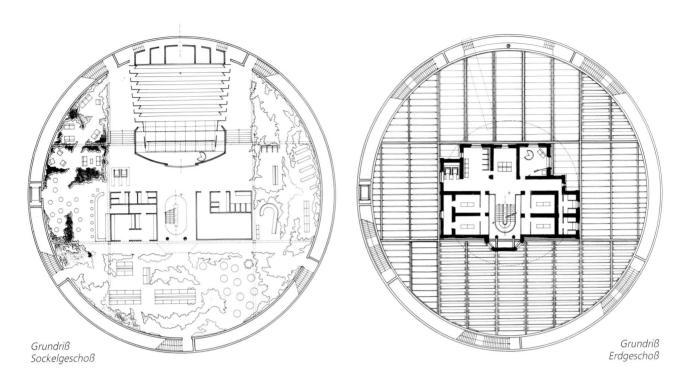

Grundriß Sockelgeschoß

Grundriß Erdgeschoß

Wasseraufbereitungsanlage • Ivry-sur-Seine • 1987–91

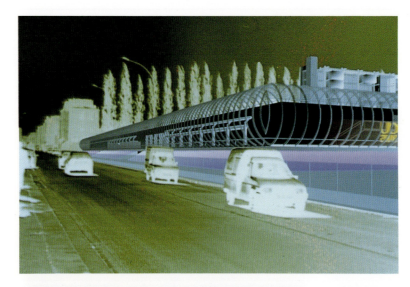

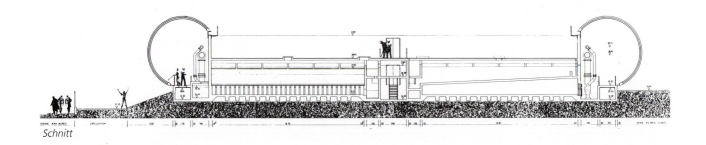

Schnitt

Siège de Canal • Paris • 1988

FRANCIS SOLER
Bibliothèque de France • Paris • 1989

Francis Soler ist ein Architekt, der, wie Jacques Hondelatte, mit der Sprache der Architektur auf zarte, einfallsreiche, sinnliche Weise umzugehen versteht. Für ihn ist Architektur, obgleich er um ihre gegenwärtige Wirksamkeit besorgt ist, ein Kulturobjekt. Er ist skeptisch, was ihre Rolle im Leben unserer Zeit angeht, da er sie, wie Victor Hugo, für unfähig hält, einen kulturellen Mythos hervorzubringen. Für ihn steht fest, daß eine Architektur ohne stärkeres soziales Bewußtsein nur oberflächliche Bilder produzieren kann, die keine tiefere historische Rolle spielen können. Deshalb tritt Soler für einen „kämpferischen" Typ von Architektur ein. Darunter versteht er einen Kampf gegen die Architektur als reine Konstruktion. Er strebt eine höhere Vorstellung von Architektur an, die nur verwirklicht werden kann, wenn andere Einflüsse wie Malerei, Bildhauerei, Film, Literatur und Musik ins Spiel gebracht werden. Deshalb sollte Technologie stets im Dienste einer humanen Architektur stehen. Die schwierigste Aufgabe des Architekten heute sieht er darin, die Technologie durch Formgestaltung zu adeln. Laut Soler sind wir immer noch Opfer der allzu stark vereinfachenden frühen Phase der modernen Architektur, die Funktion und Form als untrennbar betrachtete und uns durch die Überbetonung der Vernunft in die Falle steriler Architektur führte. Seiner Meinung nach kann einzig eine Geisteshaltung poetischer Vitalität das Design vor dem Absacken in Vulgarität bewahren. Die Architektur sollte aus einer Kombination von Ordnung und Poesie bestehen, nach Haupt- und Nebengesichtspunkten gegliedert sein. Andernfalls ist sie, so Soler, außerstande, die Gesamtheit des menschlichen Lebens adäquat zu beschreiben und zu definieren.

Erst vor kurzem demonstrierte Soler im Wettbewerbsentwurf für die Bibliothèque de France, wie

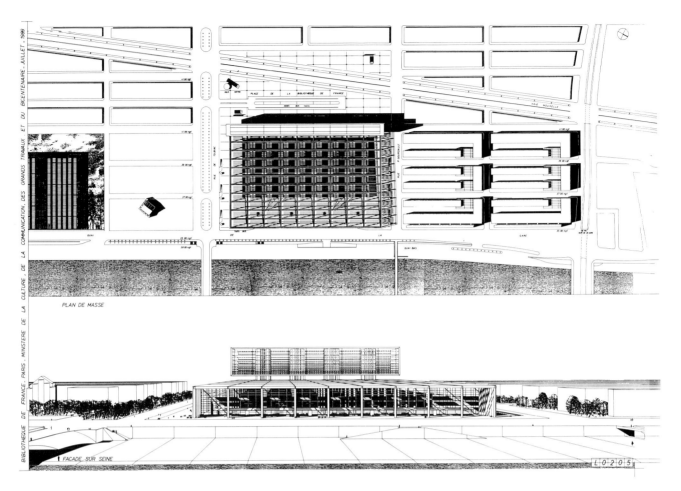

Lageplan und perspektivische Außenansicht

wichtig ihm Transparenz und Offenheit sind. Sein Projekt, ein riesiger Glaskasten mit 130 Säulen und Regalanlagen für die Bücher im Zentrum, an sich ein einfaches Volumen, hätte seine Wirkung ganz aus der lichten Leichtigkeit der Konstruktion, der Spiegelung in der Seine, dem kristallklaren, funktionellen Aufbau und der technologischen Bravour bezogen.

Pelleport-Grundschule • Paris • 1985–88

Ein wunderschönes Beispiel für Solers Kombination aus Ordnung und Lyrismus stellt seine Pelleport-Grundschule in Paris dar. Hier versuchte der Architekt, den Geist der Unstofflichkeit einzufangen, der seiner Überzeugung nach der „unstrukturierten geistigen Welt" der Kinder entspricht. Zu diesem Zweck schuf er an der Hauptfassade ein lebhaftes Wechselspiel zwischen statischen und dynamischen Komponenten. Durch die unverhüllte, offene Zurschaustellung von Baustoffen wie Metall und poliertem Beton gelang es ihm, die zeitgenössische Technologie in einer zugleich einfühlsamen und überzeugenden Weise zu verwenden.

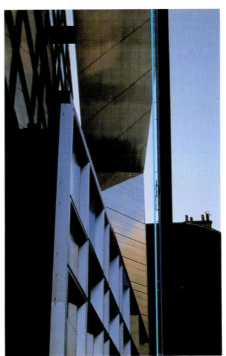

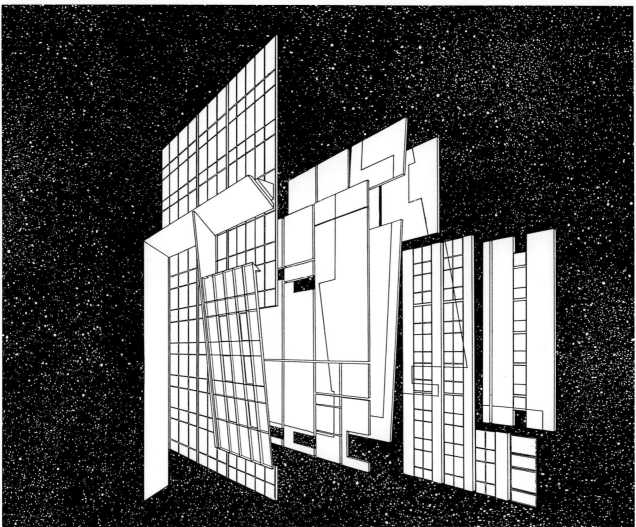
Schichten der Fassade

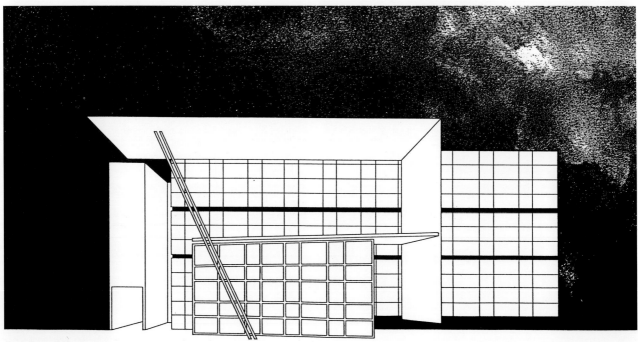
Fassadenaufriß

Typischer Geschoßgrundriß

Grundriß Erdgeschoß

Präsidententribüne • Place de la Concorde • Paris • 1983–85

Schon eine seiner ersten Konstruktionen – die am 14. Juli auf der Place der la Concorde aufgestellte Präsidententribüne – verkörperte durch ihre Einfachheit und ihren symbolischen Gehalt spezifisch Solersche Anliegen. Durch dieses Projekt wollte Soler deutlich machen, daß der Ort keinen besonderen Anlaß zu romantischen Gefühlen gibt, und daß moderne Technologie und historischer Kontext ohne weiteres koexistieren können. Die Tribüne bestand aus einem System von vier fahrbaren Armeekranen, die als Träger für den aufgehängten Paradestand dienten. Diese einfache Lösung illustriert Solers Einfallsreichtum und seine Fähigkeit, überraschende architektonische Bilder mit ausschließlich modernen Mitteln zu schaffen.

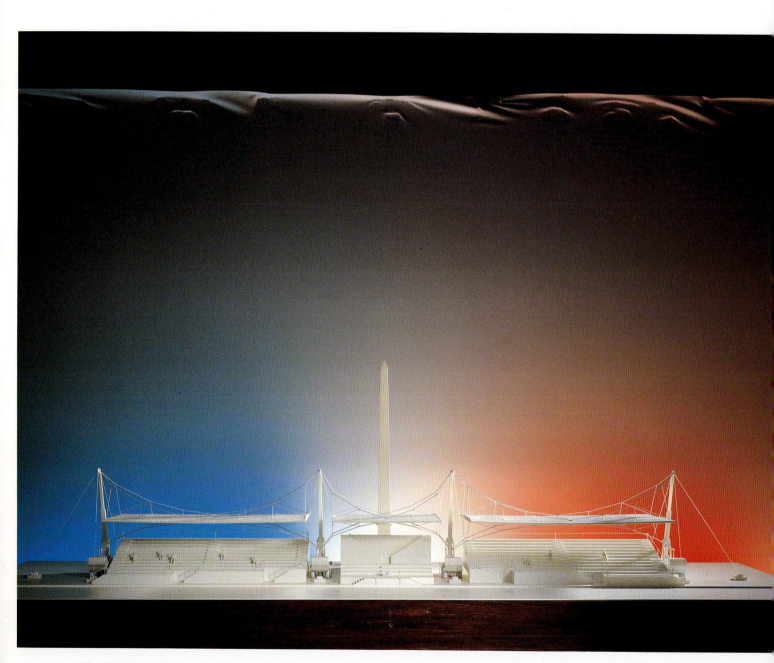

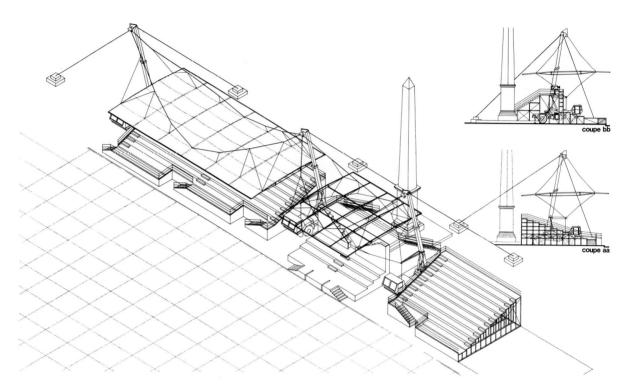

Axonometrie

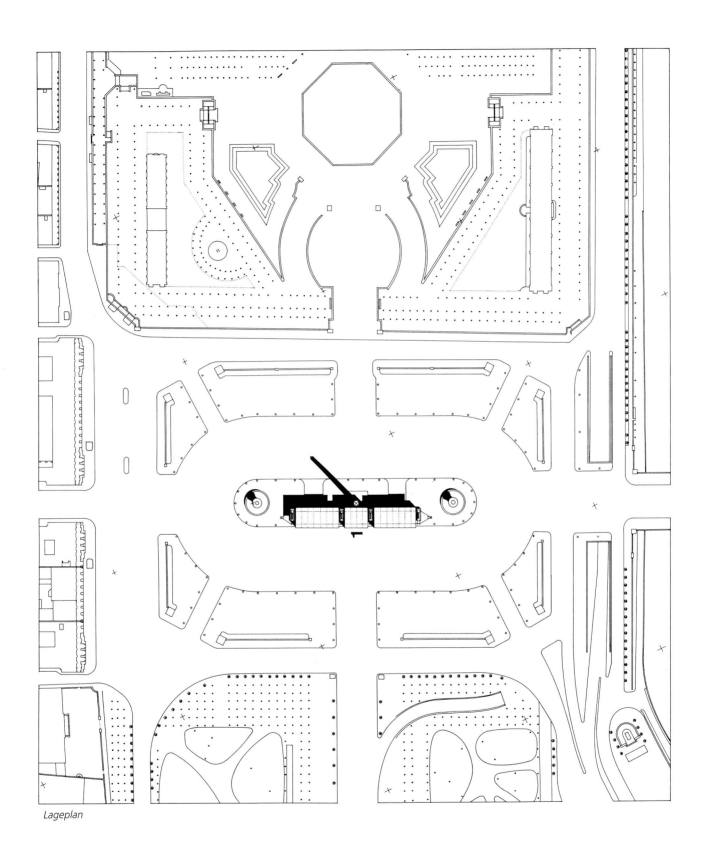

Lageplan

Centre National de la Recherche Scientifique (C.N.R.S.) • Marne-la-Vallée • 1986

Solers C.N.R.S.-Bau in Marne-la-Vallée, ein Forschungszentrum für Computer- und Kommunikationstechnik, liegt auf einem schmalen, beengten Gelände, Dominique Perraults ESIEE-Gebäude direkt gegenüber. Durch die Verwendung linearer Formen wird der Eindruck von Bewegung erzeugt, und durch die physische Transparenz, die Leichtigkeit der Anlage und die Interpretation der Innenräume ein Geist der Offenheit und Kommunikation demonstriert.

Aufrisse

FRANCIS SOLER

Architekturfakultät • Paris-Villemin • 1987

Solers Projekt für die Architekturfakultät in Paris-Villemin, als Stätte dynamischer Promenaden und Erkundungsgänge geplant, sollte der ganzen Anlage nach den Architekturdialog anregen. Die Gesamtgestaltung wird durch den Kontext der städtischen Umgebung bestimmt, die dynamische lineare Sequenzen erfordert, was der Vitalität und Energie des Entwurfs nur zugute kommt.

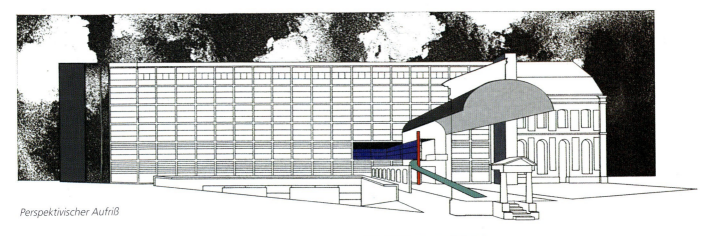

Perspektivischer Aufriß

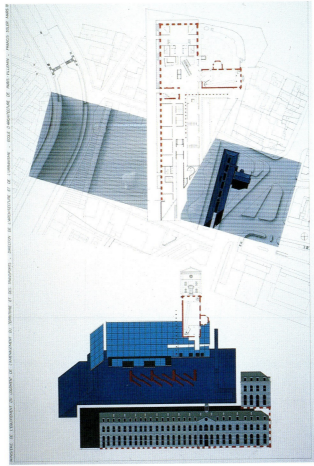

Grundriß und Aufrisse

Triangle de Folie • La Défense • Paris • 1988

Den für das Triangle de Folie in La Défense ausgeschriebenen Wettbewerb löste Soler im Geiste des Minimalismus. Er schlägt ein schlichtes Spiegelglasgebäude vor, das die gesamte Umgebung spiegeln sollte.

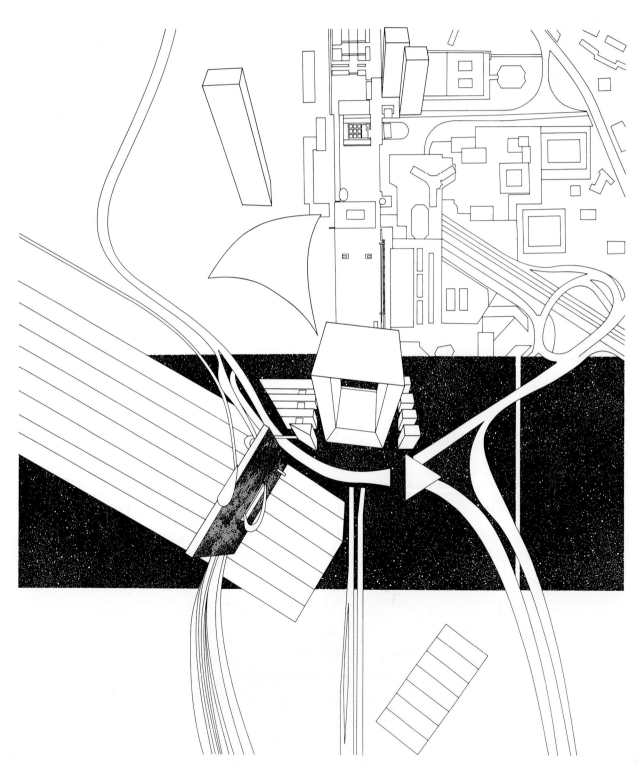

Axonometrie und Lageplan

Perspektivische Ansicht und Lageplan

BERNARD TSCHUMI
Parc de la Villette • Paris • 1982–83

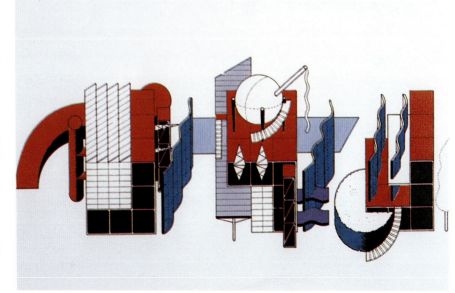

Bernard Tschumi ist von den zwölf in diesem Band aufgeführten Architekten derjenige mit den stärksten akademischen und theoretischen Neigungen. Er gehört zu den bedeutendsten Vertretern des Dekonstruktivismus, wie die von Tschumi selbst als „Sonderform der Postmoderne" definierte jüngste Designbewegung bezeichnet wird. Abgeleitet wurden die wichtigsten Vorstellungen des Dekonstruktivismus von Tschumi und anderen international renommierten Architekten von den philosophischen, kritischen und literarischen Werken Derridas, Joyces und Queneaus sowie von Nietzsches nihilistischen Gedankengängen. Die

Stoßrichtung dieser Bewegung wendet sich, auch wenn die Prinzipien des Dekonstruktivismus bereits jetzt vom Hauptstrom absorbiert wurden, sowohl vom Architekturkonzept als auch von der politischen und gesellschaftlichen Auffassung her gegen das Establishment. Nach Meinung ihrer Vertreter fehlt es unserer heutigen gesellschaftlich-politischen Realität im Westen an Zusammenhalt, Hierarchie und an einer tragenden Weltanschauung. Deshalb halten sie auch hierarchische, stabile kulturelle Rahmen für unzeitgemäß und reaktionär. Laut Tschumi entsprechen die von Durand in seinen Theorien über den zweckmäßigen Entwurf aufgezeigten traditionellen Wege der Architektur der gegenwärtigen Realität nicht mehr. Seines Erachtens sollten die historischen Begriffe der Einheit, Hierarchie und Stabilität durch Montage, Zersplitterung und Grillenhaftigkeit ersetzt werden. Anders ausgedrückt, die heutige Architektur sollte nicht mehr, wie der größte Teil der historischen, psychologische Harmonie betonen, sondern den Bedingungen psychologischer und symbolischer Auflösung Rechnung tragen.

Im März 1983 gewann Tschumi den im Rahmen der Pariser Präsidenten-Bauprogramme ausgeschriebenen internationalen Wettbewerb für den urbanen Park von La Villette. Dieses Projekt bot ihm die Möglichkeit, durch den „größten nichtzusammenhängenden Bau der Welt"

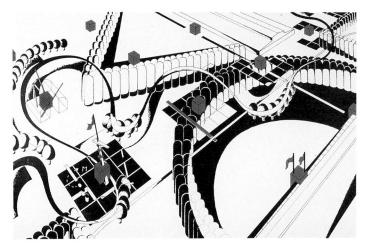

all die Prinzipien zum Ausdruck zu bringen, für die der Dekonstruktivismus steht. Da Tschumi den Gedanken großartiger Kompositionen als überholt verwarf, optierte er für ihre Antithese – den dekonstruktivistischen Begriff von Umgebung. Die Frage war nun, wie sich Antihierarchie architektonisch organisieren läßt beziehungsweise wie sich irrationale Bedingungen durch rationale realisierbare Konstruktionen wiedergeben lassen: durch einen Raster, den Tschumi über die Freifläche zog. Dieser Raster von kleinen Pavillons enthält fünfunddreißig „Follies" (wie die gewollt unpassenden oder phantastischen Baulichkeiten im Englischen Landschaftsgarten, ein Blickfang mit ironischem Hintersinn, ehedem genannt wurden) als Knotenpunkte von großer Intensität, denen andere Funktionen übergestülpt werden. Dieser Konstruktionsraster bringt Tschumis Anliegen bestens zum Ausdruck. Gegen jede Anpassung an den Kontext, die Geschichte oder die Natur gerichtet, geriet er, weit entfernt davon, eine einhellige, integrierte konzeptionelle Synthese zu symbolisieren, zum radikalen Ausdruck pluralistischer Konflikte und Gegensätze. Und diese Übung in radikaler Dekonstruktion bewies Tschumi, daß man in der Tat komplexe architektonische Einrichtungen schaffen kann, ohne auf traditionelle Wertesysteme zurückzugreifen.

Der Internationale Kansai-Flughafen • Osaka • 1988

Perspektivische Innenansicht

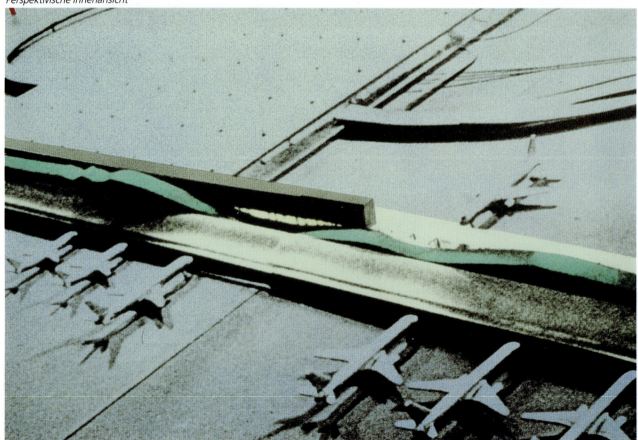

ZKM-Gebäude • Karlsruhe • 1989

Auch Tschumis andere Projekte, wie seine Entwürfe für das Tokioer Opernhaus, den Internationalen Kansai-Flughafen in Osaka, die Bibliothèque de France in Paris, das ZKM-Gebäude in Karlsruhe und die Neugestaltung eines großen Bahngeländes in Lausanne, tragen dem ganzen Konzept und Stil nach unverkennbar dekonstruktivistische Züge. In Ermangelung realisierter Werke aber läßt sich über die Weiterentwicklung seiner Theorien wenig sagen, die momentan der Gemeinschaft der Architekten ganz allgemein überlassen bleibt.

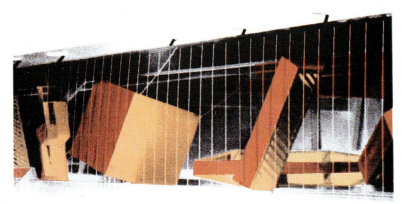

Perspektivische Außenansicht

Perspektivische Innenansicht

Ponts-Ville • Lausanne • 1988

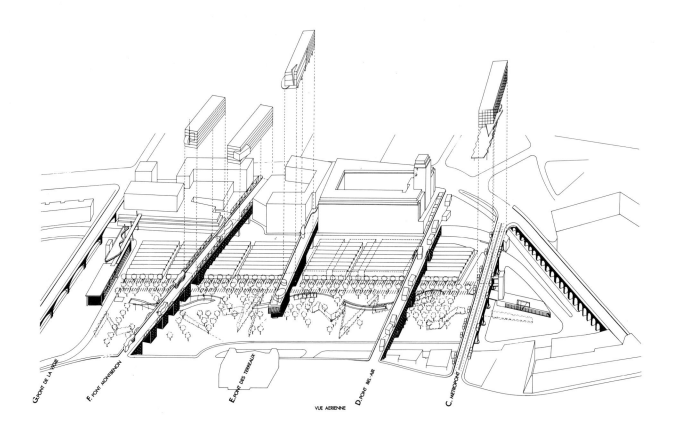

Auseinandergezogene Axonometrie

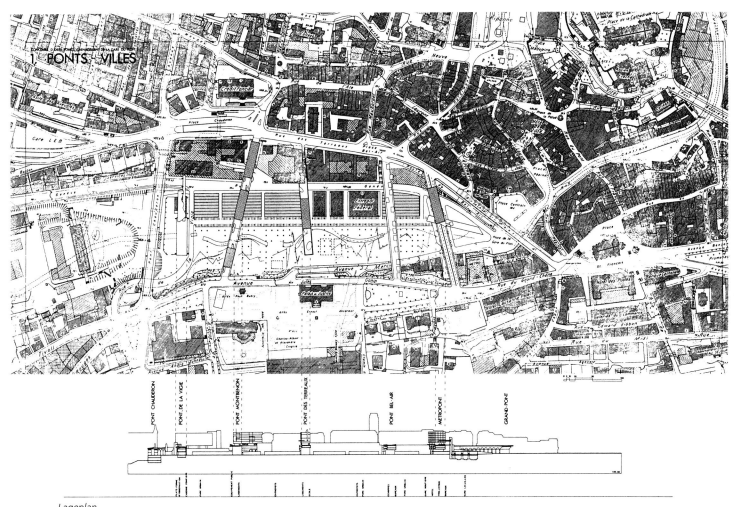

Lageplan

CLAUDE VASCONI
Thompson-Fabrik • Valeciennes • 1989

Bekannt wurde Claude Vasconi als Architekt des Forums Les Halles in Paris, das er zusammen mit Georges Pencreac'h entwarf. Seitdem zählt er zu den meistbeschäftigten Architekten Frankreichs. Sein Interesse gilt v. a. zwei Fragen. Erstens einer umfassenden urbanen Planung. Gemäß seinem Lieblingsausspruch: „Jedes Bauwerk sollte lediglich die Ausweitung urbaner Ideen sein", sucht er seine Entwürfe stets im Kontext der jeweiligen urbanen Gegebenheiten zu lösen. Und zweitens dem Verhältnis von Architektur und Technologie, das ihn ausgesprochen begeistert. Da er keine formalen Vorlieben hat, läßt er sich bei seinen Entwürfen von den Besonderheiten des Standorts und den funktionellen und technologischen Erfordernissen inspirieren und holt sich aus diesen beiden Bereichen überzeugende visuelle Bilder. Am besten illustriert seine lebenslängliche Leidenschaft für die moderne Technologie seine kürzlich vollendete Thompson-Fabrik in Valeciennes. Die wunderbar einfachen, elegant fließenden Linien dieses Baus aus Glas und Aluminium liefern einen weiteren Hinweis auf die starke konzeptionelle Verbindung zwischen der gegenwärtigen französischen Architektur und dem Flugzeug-, Auto- und Eisenbahndesign.

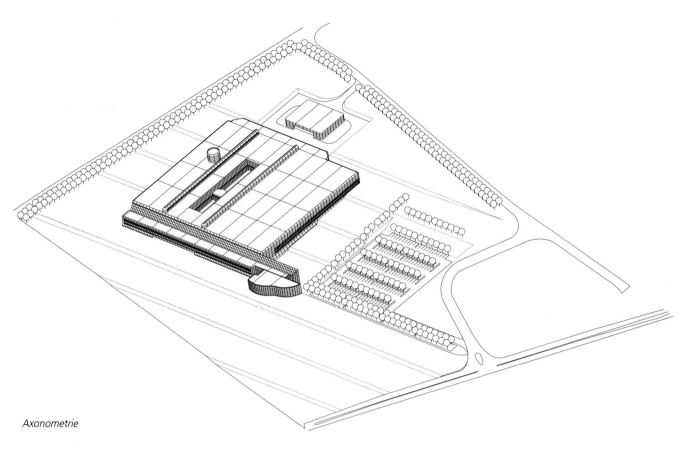

Axonometrie

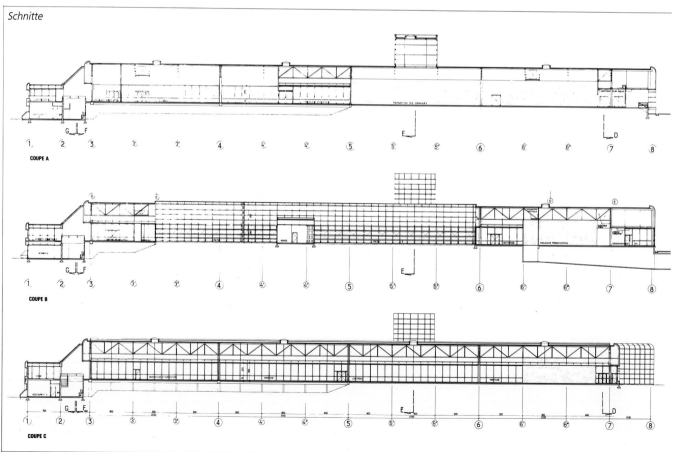

Schnitte

COUPE A

COUPE B

COUPE C

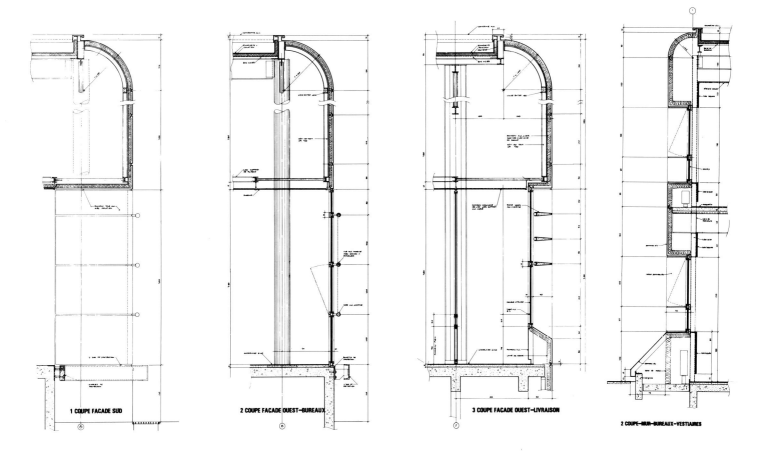

57 Metall • Billancourt • 1979

Das Projekt für die Industriestadt „Billancourt" des Autowerks Renault trug Vasconi 1982 den Grand Prix der französischen Architektur ein. Allerdings wurde von dem Projekt lediglich der Entwurf 57 realisiert – die kühne, plastisch modellierte Metallbearbeitungsfabrik, die schon mehr einem Kunstwerk als einer Industrieanlage gleicht.

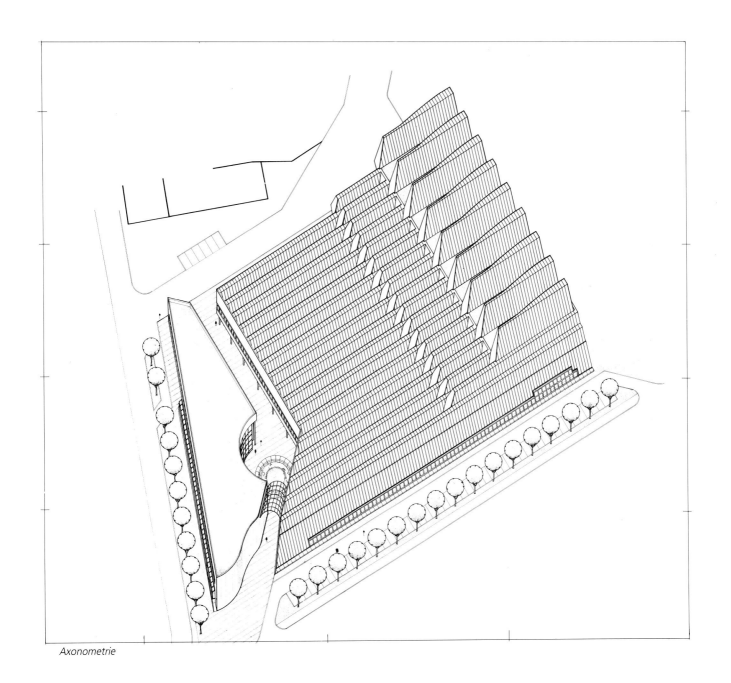
Axonometrie

Grundriß

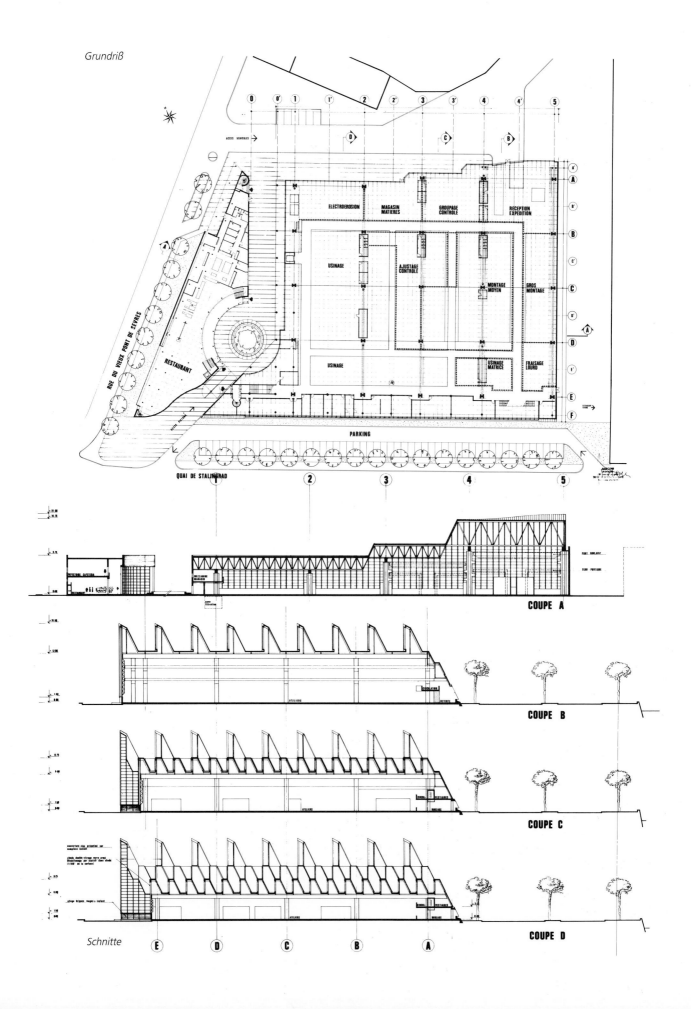

Schnitte

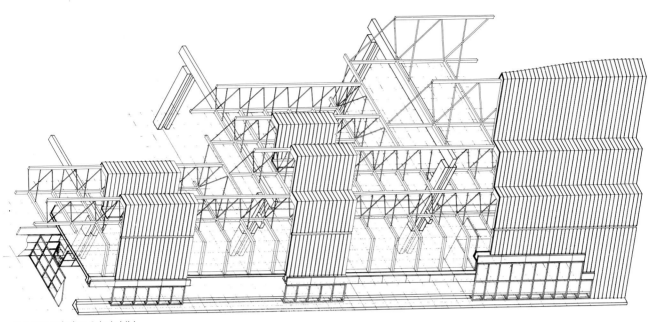

Axonometrisches Schnittbild

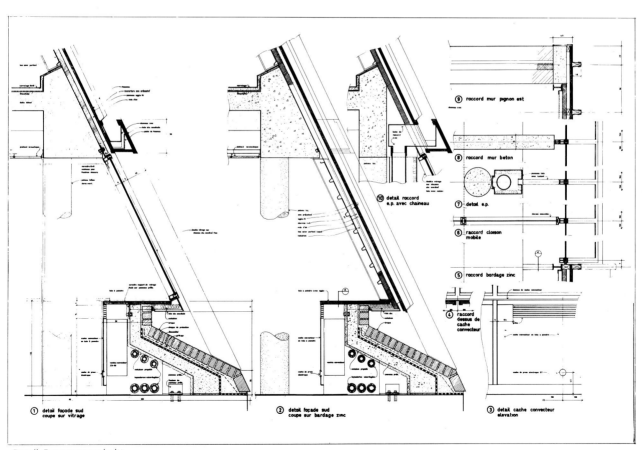

Detail, Fensterquerschnitt

Centre République • Saint-Nazaire • 1980–88

Vasconi ist durchaus imstande, einen respektvollen Dialog zwischen seinen modernen Entwürfen und einer historischen oder natürlichen Umgebung durchzuhalten. Ein Beweis dafür ist sein Centre République von 1988 am Schnittpunkt zweier wichtiger Straßen in Saint-Nazaire, eine Ladengalerie aus Metall, im Volksmund „Le Paquebot", der Dampfer, genannt (schließlich ist Saint-Nazaire von alters her das Zentrum der Schiffsbauindustrie, wo auch der berühmte Dampfer ‚La Normandie' gebaut wurde). Die moderne Form des Centre paßt sich durch ihre Proportion und Baumasse vorzüglich in die in den fünfziger Jahren wiederaufgebaute Umgebung ein.

Perspektivische Außenansicht

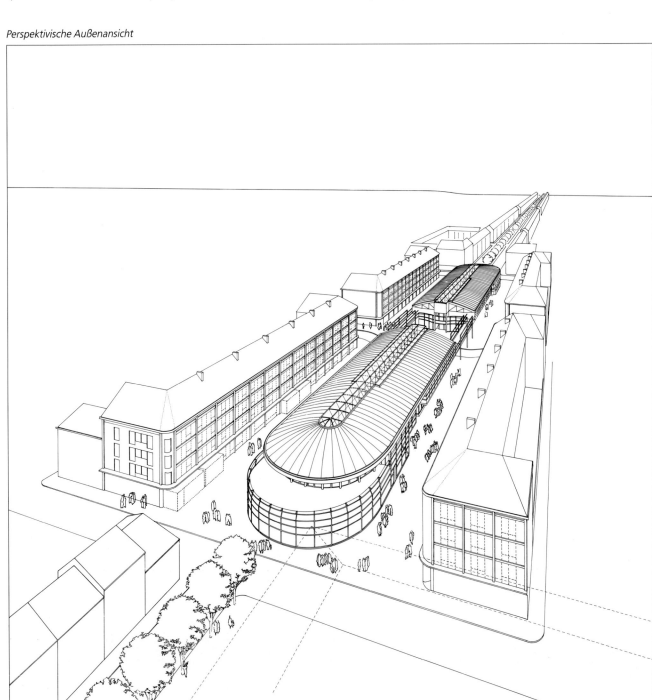

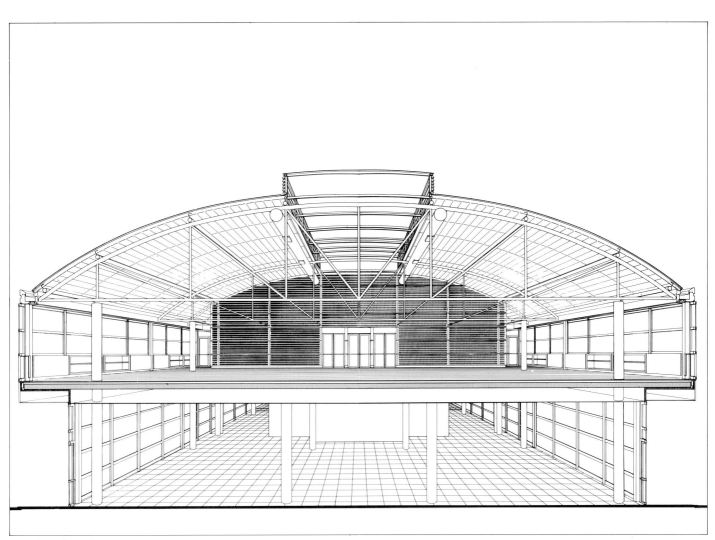

Perspektivischer Schnitt

Quer- und Längsschnitte

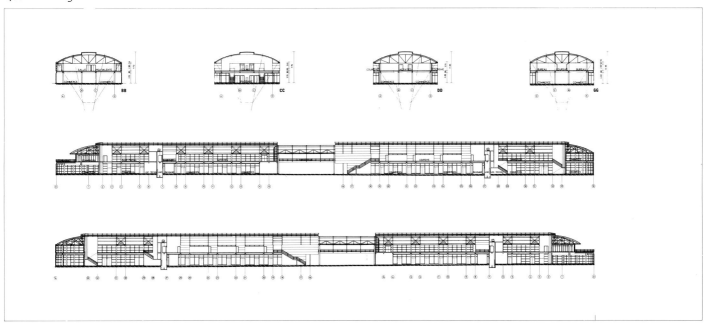

Die Corum-Oper • Montpellier • 1990

Der für das Operngebäude in Montpellier vorgesehene Standort stellte Vasconi vor komplizierte Schwierigkeiten: Die angrenzende öffentliche Promenade erschien ihm zu kurz und zu nah an den historischen Befestigungswerken der Stadt. Um die Promenade optisch zu verlängern und einen volumetrischen Ausgleich zur städtischen Umgebung zu schaffen, entwarf er den Bau als eine Reihe von Terrassen oder Dachgärten, die optisch der Promenade zugutekommen und die Ausmaße der massigen Konstruktion reduzieren.

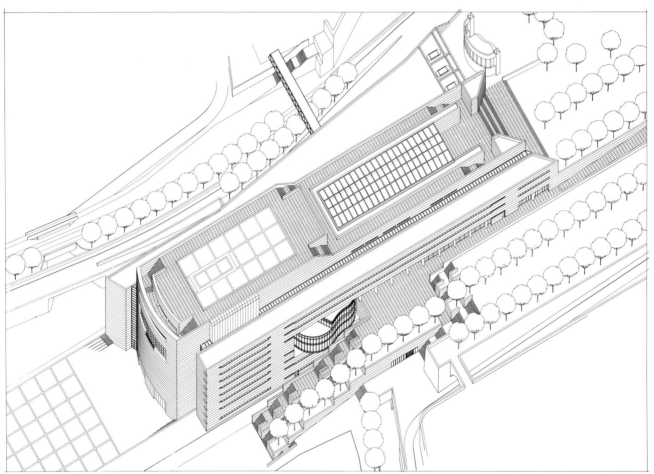

Axonometrie

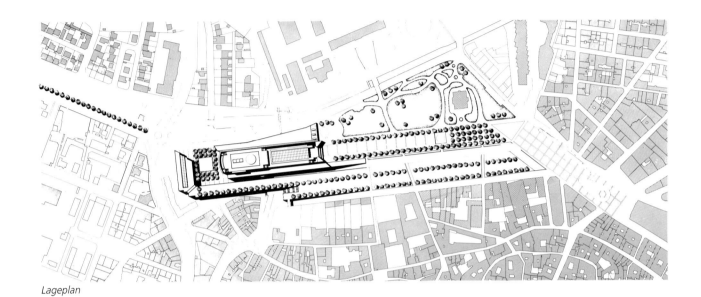
Lageplan

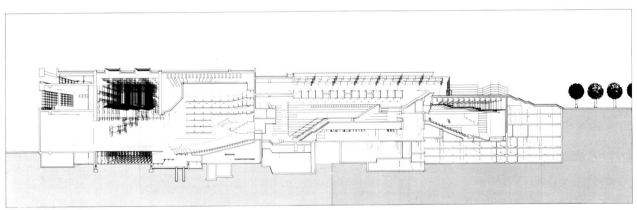
Perspektivischer Schnitt

Olympisches Dorf · Les Menuires · 1988

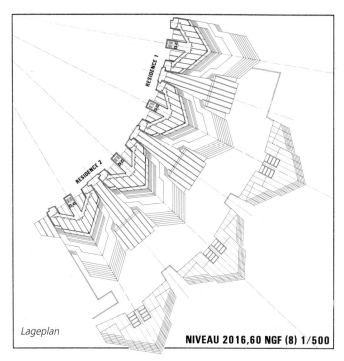

Lageplan

NIVEAU 2016,60 NGF (8) 1/500

Aufriß der Ostfassade

FAÇADE EST 1/500

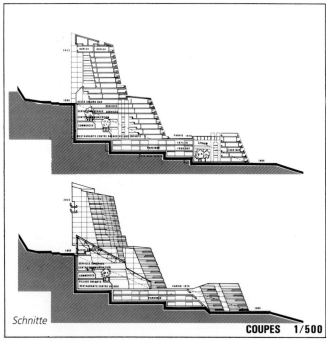

Schnitte

COUPES 1/500

Perspektivische Ansicht

FAÇADE SUD 1/500

Vasconis bislang futuristischstes Werk ist sein preisgekrönter Wettbewerbsentwurf für das Olympische Dorf Les Menuires, eine Reihe hoher, aluminiumverkleideter Baukörper inmitten einer dramatischen Alpenszenerie. Eine Nachahmung der regionalen Architektur lehnte Vasconi zugunsten einer durch und durch modernen Bauweise ab, zeigte sich aber sensibel für die physischen Bedürfnisse einer schwierigen Umgebung. Durch Kontrastwirkung und sorgfältige volumetrische Behandlung erzielte er eine geglückte Mischung aus Moderne und Natur.

Außenansicht, künstlerische Wiedergabe

Verwaltungszentrum Bas-Rhin • Straßburg • 1989

Die Kehrseite von Vasconis Mangel an formalen Vorlieben ist eine große Bandbreite architektonischer Antworten. Beispielsweise entwarf er das Verwaltungszentrum des Départements Bas-Rhin in Straßburg, das an einer Stelle entstehen sollte, wo alte und neue Teile der Stadt zusammenstoßen, als symbolischen Knotenpunkt zwischen alt und neu, was komplizierte Grundrißarrangements und volumetrische Massenbildung erforderlich machte. Trotz der historischen Bebauung des Umraums entwarf Vasconi den Komplex in einer durch und durch modernen Sprache, was jedoch einer exzellenten Einpassung in den urbanen Kontext nicht im Wege stand.

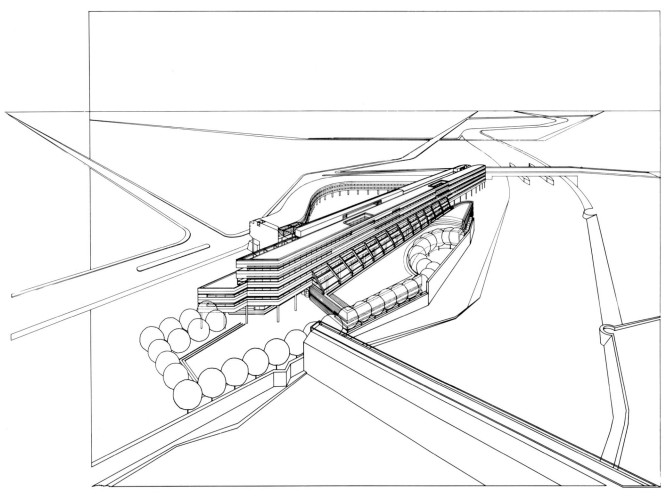

Perspektivische Ansicht

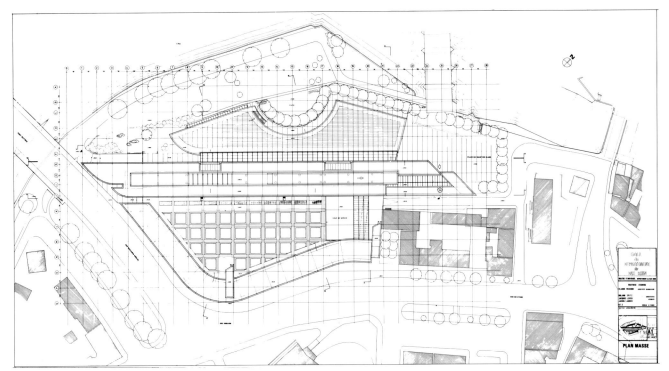
Lageplan

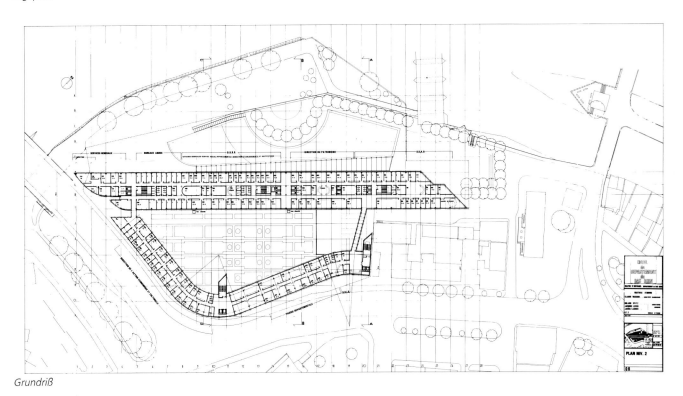
Grundriß

Kurzbiographien

Architecture Studio

Architecture Studio besteht aus vier Partnern: Jean-François Bonne, Jean-François Galmiche, Martin Robain und Rodo Tisnado. Jean-François Bonne, geboren 1949 in Paris, studierte Architektur an der Ecole des Beaux Arts (Diplom 1975) und erwarb 1978 zusätzlich ein Diplom in Stadtplanung. Jean-François Galmiche, geboren 1943, studierte an der Ecole des Beaux Arts, Abschluß 1970. Martin Robain, ebenfalls Jahrgang 1943, machte 1969 sein Diplom an der Ecole des Beaux Arts und 1972 zusätzlich ein Diplom in Stadtplanung. Seit 1983 Professor für Architektur in Bordeaux. Rodo Tisnado, 1940 in Peru geboren, studierte Architektur in Lima, Diplom 1964. Lehrtätigkeit in Lima, später Fortbildung am Institut für soziale und wirtschaftliche Entwicklung in Paris.

Gilles Bouchez

Gilles Bouchez, Jahrgang 1940, Studium an der Ecole des Beaux Arts, Abschluß 1967, beteiligte sich an einundfünfzig nationalen Wettbewerben, von denen er vierzehn gewann. Besonders bekannt von seinen vielen Entwürfen ist sein Vorschlag für das Haus der Popmusik in Bagnolet (1983). Außerdem baute er Schulen, öffentliche Wohnanlagen, Bürogebäude, medizinische Einrichtungen und Altenheime.

Jean Pierre Buffi

1937 geboren, studierte Jean Pierre Buffi in seiner Heimatstadt Florenz Architektur. Seit 1967 Architekt in Frankreich und Professor für Architektur an der Ecole des Beaux Arts. Errichtete viele öffentliche und private Gebäude, darunter die Verwaltungsgebäude von IBM in Lille und Bordeaux, die Ecole Nationale d'Art in Cergy-Pontoise und das Französische Kulturzentrum in Lissabon. Bekannt ist auch sein preisgekrönter Wettbewerbsentwurf für den Gebäudekomplex der sogenannten „Collines" um die Grande Arche von La Défense.

François Deslaugiers

1934 in Algier geboren, verbrachte François Deslaugiers den größten Teil seines Lebens in Paris und graduierte an der Sorbonne in Mathematik, Philosophie, Literatur und Latein. 1954 nahm er das Studium an der Ecole des Beaux Arts auf, wo er 1966 sein Diplom machte. Heute ist er Professor für Architektur an der Ecole Spéciale d'Architecture in Paris. Sein Regionales Informationszentrum in Nemours von 1975 ist als erster französischer High-Tech-Bau vor dem Centre Pompidou bekannt geworden. Seit 1984 Mitarbeit an der Grande Arche von La Défense.

Christian Hauvette

1944 in Marseille geboren, ist Christian Hauvette mit einem abgeschlossenen Studium der Stadtplanung an der Ecole Pratique des Hautes Etudes in Paris seit 1969 als Architekt und Stadtplaner registriert. Außerdem hat er filmtheoretische Untersuchungen durchgeführt und am Institut für Sozialwissenschaften in Paris gelehrt. Seit 1969 hat er acht größere nationale Wettbewerbe gewonnen, darunter das Projekt für die Französische Botschaft in Washington, D. C., für die Technische Hochschule von Clermont-Ferrand und für die Louis-Lumière-Schule für Filmkunst in Marne-la-Vallée. Überdies ist Hauvette als Verfasser zahlreicher Publikationen hervorgetreten und wurde dreimal für hervorragende Entwürfe ausgezeichnet.

Jacques Hondelatte

Jacques Hondelatte, am 10. Mai 1942 geboren, lebt und arbeitet seit 1967 in Bordeaux, wo er 1969 das Studium der Architektur an der Ecole des Beaux Arts abschloß. Hat seitdem zahlreiche urbane Entwürfe, architektonische Studien und Projekte ausgeführt, darunter öffentliche Wohnbauten, Privathäuser, medizinische Einrichtungen, Sportanlagen, Industrie- und Ausbildungsgebäude, Ämter und Schulen und war außerdem als Berater tätig. Seit 1985 Professor der Architektur in Bordeaux.

Jourda und Perraudin

Françoise Jourda und Gilles Perraudin bilden als Architektenehepaar eine ungewöhnliche Partnerschaft. Jourda, Jahrgang 1955, studierte Architektur in Lyon, erwarb 1979 das Diplom, lehrte anschließend Architektur in Lyon und heute an der Fakultät für Architektur in Saint-Etienne. Perraudin, Jahrgang 1949, absolvierte 1970 das Technikum in Lyon und machte 1977 an der dortigen Architekturfakultät sein Diplom. Zwischen 1974 und 1981 Lehrtätigkeit in Lyon. Die Arbeit des Teams ist ihrem Charakter nach international; sie umfaßt viele Wettbewerbsentwürfe und realisierte Projekte. Einen Namen machte sich das Team durch seine Architekturfakultät in Lyon und die Lyoner Metrostation Parilly. Gelegentliche Zusammenarbeit mit Norman Foster und dem englischen Ingenieur Peter Rice.

Jean Nouvel

Jean Nouvel, geboren 1945, studierte an der Ecole des Beaux Arts in Paris, Abschluß 1971. Betätigt sich für Theater, Bühne, Film, als Innenarchitekt und als Möbel- und Industriedesigner und bewies aufgrund seiner vielfältigen Interessen in einer Anzahl bedeutender Projekte und Wettbewerbsentwürfe eine außergewöhnliche Fähigkeit zu einer bildhaften Synthese der Architekturkonzepte.

Dominique Perrault

Dominique Perrault, 1953 in Clermont-Ferrand geboren, machte 1978 sein Diplom in Architektur an der Ecole des Beaux Arts und 1980 ein Diplom in Geschichte. Sein Projekt für die Technische Hochschule für Elektrotechnik und Elektronik in Marne-la-Vallée brachte ihm früh Anerkennung. Vor kurzem gewann er den internationalen Wettbewerb für die Bibliothèque de France in Paris. Außerdem erwähnenswert sind sein Projekt für den Sitz des Pariser Wasserwirtschaftsamts in Ivry-sur-Seine, die Erweiterung des Rathauses von Bar-le-Duc, sowie eine Anzahl urbanistischer Studien für Satellitenstädte um Paris.

Francis Soler

Francis Soler, 1949 geboren, Ausbildung an der Ecole des Beaux Arts in Paris, Diplom 1976, lehrt gegenwärtig an der Tolbiac Schule für Architektur in Paris. Soler, der zweimal für hervorragende öffentliche Entwürfe ausgezeichnet wurde, machte sich v. a. durch vier neuere Projekte einen Namen: die Präsidententribüne an der Place de la Concorde; zwei Schulen, eine in Cergy-Pontoise und eine in Paris; und ein Projekt für die Architekturfakultät in Paris-Villemin. Außerdem entwarf er eine Vielzahl weiterer Projekte, darunter die Technische Hochschule in Guadeloupe und die sogenannten „Spiegel von Osaka", ein Denkmal für die französisch-japanische Kommunikation. Seine Arbeiten wurden in Paris, Bordeaux, New York und Kioto publiziert und gezeigt.

Bernard Tschumi

Bernard Tschumi, Jahrgang 1944, Studium an der Eidgenössischen Technischen Hochschule in Zürich, Abschluß 1969. Seitdem Vorlesungen bei der Architectural Association in London, am Institute for Architectural and Urban Studies and the Cooper Union in New York und der Princeton University. Gegenwärtig ist er Dekan an der Columbia University in New York. International bekannt seit seinem preisgekrönten Entwurf für den Parc de la Villette in Paris (gegenwärtig im Bau). Beteiligung an einer Anzahl anderer internationaler Wettbewerbe; einer der Finalisten für den Internationalen Flughafen von Osaka; 2. Preis für das Nationaltheater und Opernhaus in Tokio.

Claude Vasconi

Geboren 1940 in Rosheim, Architekturstudium an der Ecole Nationale Supérieure des Arts et de l'Industrie in Straßburg. Nach dem Abschluß 1964 ließ er sich in Paris nieder und begann seine Karriere. Seit der Realisierung zweier früher Projekte, der Präfektur in Cergy-Pontoise (1969) und dem Forum Les Halles in Paris (1973–1979) einer der meistbeschäftigten Architekten Frankreichs mit Aufträgen in Straßburg, Saint-Nazaire und Montpellier. International berühmt durch sein Projekt für die Industriestadt „Billancourt" für das Autowerk Renault von 1979, von dem nur Projekt 57, die Metallbearbeitungsfabrik, ausgeführt wurde, für das Vasconi den Grand Prix der französischen Architektur erhielt.

Bildnachweis

Numerierte Abbildungen kursiv

Alain-Photo: 55
V. Cardot (und P. Joly): *69, 93*
Cees de Hond: 81 (links oben)
S. Couturier: 82 (rechts unten), 85 (unten), 86, 87 (unten), 91, 136, 142–43, 146–47, 152
Michel Denance: 174–76, 177 (links unten), 179 (oben)
Documentation Française: *68, 80*
D.R.E.I.F.: *60*
Editoriale Jaca Book: *40*
G. Fessey: 180, 182–83, 186–87
A. Gouillardon: 54 (oben)
Patrice Goulet: 94–95
P. Joly (und V. Cardot): *69, 93*
P. Maurer: 98–99, 102–3
H. Meister: 75 (oben)
Pei Cobb Freed & Partners: *97*
Photos Coussi: *98*
Michel Saudan: *35*
Studio Littré: 168
David Van Zanten: *41*
Deidi von Schaewen: 78, 154–59, 162–63, 166–67, 170–73, 194–97, 202–3, 206–7
Yale University Slide and Photograph Collection: *32, 55*

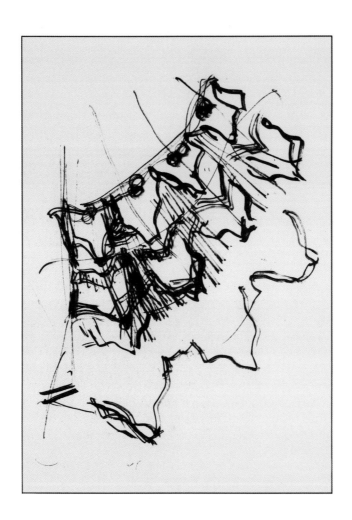

Claude Vasconi, Entwurfsskizze für das Olympische Dorf, Les Menuires, 1988